دروس اللغة العربية
لغَيرِ النَّاطقين بها

MADINAH ARABIC READER
BOOK 3

ARABIC LANGUAGE COURSE AS TAUGHT AT THE ISLAMIC UNIVERSITY, MADINAH

Dr. V. Abdur Rahim

Goodword

goodwordbooks.com

CONTENTS

Illustrated by Gurmeet
First published 2006
Reprinted 2016
© Goodword Books 2016

Goodword Books
A-21, Sector 4, Noida-201301, India
Tel. +91-8588822672, +91120-4314871
email: info@goodwordbooks.com
www.goodwordbooks.com

Goodword Books, Chennai
Mob. +91-9790853944, 9600105558

Goodword Books, Hyderabad
Mob. +91-7032641415, 9448651644

Printed in India

الـــدَّرْسُ الأَوَّلُ

LESSON 1

هَاشِمٌ : السَّلاَمُ عَلَيْكُمْ وَرَحْمَةُ اللهِ وَبَرَكَاتُهُ.

اَلْمُدَرِّسُ : وَعَلَيْكُمُ السَّلاَمُ وَرَحْمَةُ اللهِ وَبَرَكَاتُهُ.

هَاشِمٌ : كَيْفَ حَالُكَ يَا أُسْتَاذُ؟ لَعَلَّكَ بِخَيْرٍ.

اَلْمُدَرِّسُ : اَلْحَمْدُ لِلَّهِ. وَكَيْفَ حَالُكَ أَنْتَ يَا هَاشِمُ؟ أَنَا أُحِبُّكَ كَثِيراً يَا هَاشِمُ. إِنَّكَ طَالِبٌ ذَكِيٌّ وَمُجْتَهِدٌ وَذُوْخُلُقٍ...أَمِنْ بَاكِسْتَانَ أَنْتَ أَمْ مِنَ الْهِنْدِ يَا هَاشِمُ؟

هَاشِمٌ : إِنِّي مِنَ الْهِنْدِ.

اَلْمُدَرِّسُ : وَزَمِيلُكَ الَّذِي خَرَجَ مَعَكَ الآنَ مِنَ الْفَصْلِ، أَهُوَ أَيْضاً مِنَ الْهِنْدِ؟

هَاشِمٌ : لاَ، إِنَّهُ مِنْ بَاكِسْتَانَ.

اَلْمُدَرِّسُ : إِنَّ سَاعَتَكَ جَمِيلَةٌ يَا هَاشِمُ. أَمِنَ اليَابَانِ هِيَ؟

هَاشِمٌ : لاَ، إِنَّهَا مِنَ الْهِنْدِ.

اَلْمُدَرِّسُ : أَغَالِيَةٌ هِيَ أَمْ رَخِيصَةٌ؟

هَاشِمٌ : إِنَّهَا رَخِيصَةٌ جِدًّا. إِنَّهَا بِمِائَةِ رُوبِيَّةٍ فَقَطْ.

اَلْمُدَرِّسُ : كَمْ أَخَالُكَ يَا هَاشِمُ؟

هَاشِمٌ : لِي ثَلاَثَةُ إِخْوَةٍ.

اَلْمُدَرِّسُ : أَطُلاَّبٌ هُمْ؟

هَاشِمٌ : لاَ، إِنَّهُم تُجَّارٌ.

اَلْمُدَرِّسُ : وَكَمْ أُخْتاً لَكَ؟

هَاشِمٌ : لِي أَرْبَعُ أَخَوَاتٍ.

اَلْمُدَرِّسُ : أَفِي الْهِنْدِ هُنَّ الآنَ؟

هَاشِمٌ : لاَ، إِنَّهُنَّ هُنا بِالْمَدِيْنَةِ الْمُنَوَّرَةِ مَعَ أَبِي وَأُمِّي.

اَلْمُدَرِّسُ : أَطَالِبَاتٌ هُنَّ؟

هَاشِمٌ : لاَ، إِنَّهُنَّ مُدَرِّسَاتٌ بِالْمَدْرَسَةِ الثَّانَوِيَّةِ.

EXERCISES تَمَــــارِين

Answer the following questions: ١-أَجِبْ عَنِ الأَسْئِلَةِ الآتِيَةِ:

(١) مِنْ أَيْنَ هَاشِمٌ؟

(٢) أَيُحِبُّهُ الْمُدَرِّسُ؟

(٣) مِنْ أَيْنَ ساعَتُهُ؟

(٤) بِكَمْ هِيَ؟

(٥) كَمْ أَخاً لَهُ؟

(٦) كَمْ أُخْتًا لَهُ؟

(٧) أَيْنَ أَخَوَاتُهُ؟

٢- ضَعْ هَذِه الْعَلاَمَةَ (✓) أمَامَ الْجُمَلِ الصَّحِيحَة، وَهَذِه الْعَلاَمَةَ (×) أمَامَ الْجُمَلِ الَّتِي لَيْسَتْ صَحِيحَةً:

Mark the correct statements with this (✓) and the incorrect ones with this (×):

(١) أ- هاشِمٌ طَالِبٌ كَسْلاَ نٌ. ب- هَاشِمٌ طَالِبٌ مُجْتَهِدٌ.

(٢) أ- سَاعَتُهُ رَخِيصَةٌ. ب- ساعَتُهُ غَالِيَةٌ.

(٣) أ- سَاعَتُهُ بِأَلْفِ رُوبِيَّة. ب- سَاعَتُه بِمائَة رُوبِيَّة.

(٤) أ- أخَوَاتُه بِالْمَدِينَة الْمُنَوَّرَة. ب- أَخَوَاتُهُ بِالْهِنْد.

٣- تَأَمَّلْ مَا يَلِي:

Learn the following:

إنّ +هُوَ= إنَّهُ — إنّ + هُمْ = إنَّهم

إنَّ +هِيَ= إنَّهَا — إنَّ+ هُنَّ = إنَّهُنَّ

إنَّ +أَنْتَ= إنَّكَ — إنَّ +أنْتُم = إنَّكُمْ

إنَّ +أنْت= إنَّك — إنَّ+ أنْتُنَّ = إنَّكُنَّ

إنَّ +أنَا= إنَّني/ إنِّي — إنَّ +نَحْنُ = إنَّنَا/ إنَّا

٤-أَدْخِلْ (إنَّ) علَى الْجُمَلِ الآتِيَة:

Rewrite the following sentences using إنَّ:

(١) هُوَ تَاجِرٌ.................. (٢) أَنَا طَالِبٌ..................

(٣) هُمْ مِنَ الْيَابَانِ.............. (٤) أَنْتُم أَذْكِيَاء..................

(٥) هِيَ مُتَزَوِّجَةٌ................. (٦) نَحْنُ مُسْلِمُونَ.................

(٧) أَنْتُنَّ مُجْتَهِدَاتٌ.................. (٨) هُنَّ مُسْلِمَاتٌ..................

(٩) أَنْتَ رَجُلٌ غَنِيٌّ.................. (١٠) أَنْتِ ذَكِيَّةٌ..................

٥–اقْرَأْ الأَمْثِلَةَ الآتِيَةَ: Read the following examples:

(١) الْمُدَرِّسُ جَدِيدٌ. إِنَّ الْمُدَرِّسَ جَدِيدٌ.

(٢) فَاطِمَةُ طَبِيبَةٌ. إِنَّ فَاطِمَةَ طَبِيبَةٌ.

(٣) حَامِدٌ مُتَزَوِّجٌ. إِنَّ حَامِدًا مُتَزَوِّجٌ.

٦–أَدْخِلْ (إِنَّ) عَلَى الْجُمَلِ الآتِيَةِ وَاضْبِطْ أَواخِرَ الكَلِمَاتِ:

Rewrite the following sentences using إِنَّ and vowelize the last letters of the words:

(١) الدَّرْسُ صَعْبٌ.................. (٢) السَّيَّارَةُ جَمِيلَةٌ..................

(٣) الْقُرْآنُ كِتَابُ اللهِ .... (٤) مُحَمَّدٌ ﷺ رَسُولُ اللهِ ....

(٥) آمِنَةُ طَالِبَةٌ .... (٦) اللُّغَةُ الْعَرَبِيَّةُ سَهْلَةٌ..................

(٧) هَذِهِ السَّاعَةُ غَالِيَةٌ.................. (٨) بِلاَلٌ غَبِيٌّ ....

(٩) الْمُدِيرُ فِي الْفَصْلِ.................. (١٠) الْمَاءُ بَارِدٌ ....

السَّيَّارَةُ جَمِيلَةٌ
↓ الْمُبْتَدَأُ ↓ الْخَبَرُ

إِنَّ السَّيَّارَةَ جَمِيلَةٌ
↓ اسْمُ إِنَّ ↓ خَبَرُ إِنَّ

٧- تَأَمَّلِ الْمِثَالَيْنِ، ثُمَّ كَوِّنْ جُمَلاً مِثْلَهُمَا مِنَ الْكَلِمَاتِ الآتِيَةِ:

Read the examples and make sentences like them with the help of the words that follow:

الْمِثَالُ الْأَوَّلُ: أَمِنَ الْهِنْدِ أَنْتَ أَمْ مِنْ بَاكِسْتَانَ؟

الْمِثَالُ الثَّانِي: أَطَبِيبٌ أَنْتَ أَمْ مُهَنْدِسٌ؟

(١) أَنْتَ / مُجْتَهِدٌ / كَسْلَانُ ....

(٢) هِيَ / الصِّينُ / الْيَابَانُ ....

(٣) أَنْتِ / طَبِيبَةٌ / مُمَرِّضَةٌ ....

(٤) هُمْ / نَصَارَى / يَهُودٌ ....

(٥) هَذَا / مَسْجِدٌ / مَدْرَسَةٌ ....

(٦) هَذِه / سَيَّارَةُ الْمُدِيرِ / سَيَّارَةُ الْمُدَرِّسِ ....

(٧) أَنْتَ / مُتَزَوِّجٌ / أَعْزَبُ ....

(٨) هُنَّ / خَالَاتُكَ / عَمَّاتُكَ ....

(٩) هُوَ / بَاكِسْتَانُ / إِيرَانُ ....

(١٠) بَيْتُكَ / قَرِيبٌ / بَعِيدٌ ....

٨- تَأَمَّلِ الْأَمْثِلَةَ الْآتِيَةَ لِـ (ذُو):

Notice the use of ذُو:

(١) مُدِيرُنَا ذُو لِحْيَةٍ طَوِيلَةٍ.

(٢) هَذَا الدَّفْتَرُ ذُو وَرَقٍ مُسَطَّرٍ.

(٣) أَحْمَدُ طَالِبٌ ذُو عِلْمٍ وَخُلُقٍ.

(٤) هَذَا الْقَمِيصُ ذُو كُمٍّ قَصِيرٍ، وَذَاكَ ذُو كُمٍّ طَوِيلٍ.

(٥) الْمَسْجِدُ الَّذِي فِي حَيِّنَا ذُو مَنَارَةٍ وَاحِدَةٍ.

7

٩- اِقْرَأْ الأَمْثِلَةَ، ثُمَّ حَوِّلِ الْجُمَلَ الآتِيَةَ مِثْلَهَا

Change the word ذُو to masculine plural, feminine singular and plural as shown in the example:

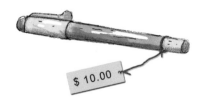

(أ) هَذَا الطَّالِبُ ذُو خُلُقٍ. (ب) هَؤُلاَءِ الطُّلاَّبُ ذَوُو خُلُقٍ.

(ج) هَذِهِ الطَّالِبَةُ ذَاتُ خُلُقٍ. (د) هَؤُلاَءِ الطَّالِبَاتُ ذَوَاتُ خُلُقٍ.

(١) هَذَا الرَّجُلُ ذُو مَالٍ كَثِيرٍ. (٢)....................

(٣).................... (٤)....................

١٠- أَدْخِلْ (لَعَلَّ) عَلَى الْجُمَلِ الآتِيَةِ عِلْمًا بِأَنَّ (لَعَلَّ) مِنْ أَخَوَاتِ (إِنَّ):

Rewrite the following sentences using لَعَلَّ which acts just as إِنَّ :

(١) هُوَ بِخَيْرٍ.......... (٢) هُمْ بِخَيْرٍ..........

(٣) هِيَ بِخَيْرٍ .... (٤) هُنَّ بِخَيْرٍ..........

(٥) أَنْتَ بِخَيْرٍ.......... (٦) أَنتُم بِخَيْرٍ..........

(٧) أَنْتِ بِخَيْرٍ .... (٨) أَنتُنَّ بِخَيْرٍ..........

(٩) أَنَا نَاجِحٌ .... (١٠) نَحْنُ نَاجِحُونَ..........

(١١) الْمُدِيرُ فِي غُرْفَتِهِ.......... (١٢) الاخْتِبَارُ سَهْلٌ ....

١١- اِقْرَأْ الْمِثَالَيْنِ، ثُمَّ أَكْمِلِ الْجُمَلَ الآتِيَةَ بِوَضْعِ (غَالٍ) أَوْ (غَالِيَةٍ) فِي الأَمَاكِنِ الْخَالِيَةِ:

Read the examples and then complete the sentences that follow using غَالٍ or غَالِيَةٌ in the blanks:

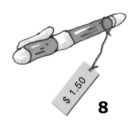

(أ) هَذَا الْقَلَمُ غَالٍ (أَصْلُهُ: غَالِيٌ)

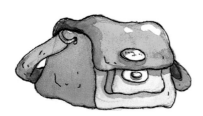

(ب) هَذه السَّاعَةُ غَالِيَةٌ.

(١) الْكُتُبُ الْعَرَبِيَّةُ ....فِي بَلَدِنَا.

(٢) هَذَا الْكِتَابُ رَخِيصٌ وَذَاكَ...........

(٣) هَذَا الْمُعْجَمُ بِمِائَةِ رِيَالٍ. هُوَ...........

(٤) هَذِهِ الْحَقِيبَةُ...........

١٢- اِقْـرَأْ الْمِـثَالَيْنِ، ثُمَّ اقْرَأْ الْجُمَلَ الآتِيَةَ. بَعْدَ ذَلِكَ اكْتُبْهَا مَعَ كِتَابَةِ الأَعْدَادِ الوَارِدَةِ فِيهَا بِالْحُرُوفِ:

Read the examples and then write the sentences that follow, replacing the figures with words:

(أ) ١٠٠ = مِائَةُ رَجُلٍ / مِائَةُ امْرَأَةٍ.

(ب) ١٠٠٠ = أَلْفُ رَجُلٍ / أَلْفُ امْرَأَةٍ.

(١) هَذَا التِّلْفَازُ بِـــ١٠٠٠ رِيَالٍ.

(٢) عِنْدِي ١٠٠٠ دُولَارٍ.

(٣) فِي هَذَا الْكِتَابِ ١٠٠ صَفْحَةٍ.

(٤) بِكَمْ هَذِهِ الْحَقِيبَةُ ؟ هِيَ بِـــ ١٠٠ رِيَالٍ.

(٥) فِي هَذِهِ الْكُلِّـيَّــةِ ١٠٠ طَالِبٍ مِنْ بَاكِسْتَانَ وَ ١٠٠ طَالِبٍ مِنْ إِنْدُونِيسِيَا.

١٣-كَوِّنْ جُمَلاً مُسْتَعْمِلاً الْكَلِمَاتِ الآتِيَةَ:

Use each of the following words in a sentence of your own:

ذَكِيٌّ - مِائَةٌ - مُتَزَوِّجٌ - أَعْزَبُ - خُلُقٌ - دُولَارٌ- غَالٍ.

الْكَلِمَاتُ الْجَدِيدَةُ: New words:

ذَكِيٌّ (ج أَذْكِيَاءُ)	غَبِيٌّ (ج أَغْبِيَاءُ)	خُلُقٌ (ج أَخْلَاقٌ)
مِـــائَةٌ	أَلْفٌ	رُوبِيَّةٌ (ج رُوبِيَّاتٌ)
مُتَزَوِّجٌ	عَزَبٌ (ج أَعْزَابٌ)	يَهُودِيٌّ (ج يَهُودٌ)
مُعْجَمٌ (ج مَعَاجِمُ)	دُولَارٌ (دُولَارَاتٌ)	صَفْحَةٌ (ج صَفَحَاتٌ)
نَاجِحٌ (ج نَاجِحُونَ)	غَـــالٍ	كُمٌّ (ج أَكْمَامٌ)

POINTS TO REMEMBER

In this lesson we learn the following:

1) إِنَّ: In Arabic there are two types of sentences:

a) The nominal sentence الْجُمْلَةُ الاسْمِيَّةُ wherein the first word is a noun e.g. الكِتَابُ سَهْلٌ 'The book is easy.' The noun which commences the nominal sentence is called the *mubtada'* الْمُبْتَدَأُ while the second part is called the *khabar* الْخَبَرُ.

b) The verbal sentence الْجُمْلَةُ الفِعْلِيَّةُ wherein the first word is a verb e.g. خَرَجَ بِلالٌ 'Bilâl went out.'

The particle إِنَّ is used at the beginning of a nominal sentence, e.g.:

إِنَّ الكِتَابَ سَهْلٌ ← الكِتَابُ سَهْلٌ

Note that the noun after إِنَّ is *mansûb,* i.e. it has -a ending. After the introduction of إِنَّ the *mubtada'* is no longer called *mubtada',* but is instead called *ismu inna* and the *khabar* is called *khabaru inna.*

إِنَّ signifies emphasis. It can be translated as 'indeed,' 'surely,' 'no doubt,' and 'verily.'

Note the following:

☐ If the *mubtada'* has one *dammah,* it changes to one *fathah* after إِنَّ, e.g. :

إِنَّ المدرِّسَ جديدٌ. ← المُدَرِّسُ جديدٌ.

إِنَّ آمنةَ طالبةٌ. ← آمنةُ طالبةٌ.

☐ If the *mubtada'* has two *dammahs,* they change to two *fathahs,* e.g. :

إِنَّ حامداً مَرِيضٌ. ← حَامِدٌ مَرِيضٌ.

☐ If the *mubtada'* is a pronoun, it changes to its corresponding *mansûb* form, e.g.:

إِنَّكَ غَنِيٌّ. ← أَنْتَ غَنِيٌّ.

For the *mansûb* forms of all the pronouns, see Exercise 3.

Note that the pronouns of the first person singular and plural have two forms:

إِنَّنا / إِنَّا؛ إِنَّنِي / إِنِّي

2) لَعَلَّ: This is also a particle like إِنَّ. It is called one of the 'sisters of إِنَّ'. Grammatically, it acts like إِنَّ. It signifies hope or fear, e.g.:

الْجَوُّ جَمِيلٌ. 'The weather is fine.' → لَعَلَّ الْجَوَّ جَمِيلٌ.
'I hope the weather is fine.'

الْمُدَرِّسُ مَرِيضٌ. 'The teacher is sick.' → لَعَلَّ الْمُدَرِّسَ مَرِيضٌ.
'I'm afraid the teacher is sick.'

In this lesson, we have examples of 'I hope' only.

3) ذُو: This word means 'having' or 'possessing', e.g.:

ذُو مَالٍ 'possessing wealth,' i.e. wealthy,
ذُو خُلُقٍ 'possessing manners,' i.e. well-mannered,
ذُو عِلْمٍ 'possessing knowledge,' i.e. learned.

It is always *mudâf*, and the following word is *mudâf ilaihi*, and therefore it is *majrûr*. The feminine of ذُو is ذَاتُ, e.g.:

بِلَالٌ ذُو عِلْمٍ، وأُخْتُهُ ذَاتُ خُلُقٍ. 'Bilâl is learned and his sister is well-mannered.'

The plural of ذُو is ذَوُو, and that of ذَاتُ is ذَوَاتُ, e.g.:

هَذَا الطَّالِبُ ذُو خُلُقٍ. هَؤُلاءِ الطُّلَّابُ ذَوُو خُلُقٍ.
هَذِهِ الطَّالِبَةُ ذَاتُ خُلُقٍ. هَؤُلاءِ الطَّالِبَاتُ ذَوَاتُ خُلُقٍ.

4) أَمْ: It means 'or,' but only in an interrogative sentence, e.g.:

أَطَبِيبٌ أَنْتَ أَمْ مُهَنْدِسٌ؟ 'Are you a doctor or an engineer?'

أَمِنْ فَرَنْسَا هُوَ أَمْ مِنْ أَلْمَانيا؟ 'Is he from France or Germany?'

أَبِلالاً رَأَيْتَ أَمْ حَامِدًا؟ 'Did you see Bilâl or Hamid?'

Note that the particle أ precedes one of the two things about which the question is asked while أَمْ precedes the other. So it is wrong to say:

أَأَنْتَ مُدَرِّسٌ أَمْ طَالِبٌ؟

أَذَهَبْتَ إِلَى مَكَّةَ أَمْ جُدَّةَ؟

The correct construction is:

أَمُدَرِّسٌ أَنْتَ أَمْ طَالِبٌ؟

أَإِلَى مَكَّةَ ذَهَبْتَ أَمْ إِلَى جُدَّةَ؟

In a non-interrogative sentence, أَوْ is used for 'or', e.g.:

خُذْ هذا أَوْ ذَاكَ. 'Take this or that.'

رَأَيْتُ ثلاثةً أَوْ أَرْبَعَةً. 'I saw three or four.'

خَرَجَ بِلالٌ أَوْ حامِدٌ. 'Bilâl or Hâmid went out.'

5) مائَةٌ 'hundred,' أَلْفٌ 'thousand'.

Note that in مائَةٌ the *alif* is not pronounced. It is pronounced مِئَةٌ. In certain Arab countries, it is also written like this without the *alif*.

After these two numbers the *ma'dûd* is singular *majrûr*, e.g.:

مائَةُ كِتابٍ 'one hundred books'.

أَلْفُ رِيالٍ 'one thousand riyals'.

هَذَا التِّلْفَازُ بِأَلْفِ رِيَالٍ. Here أَلْفِ is *majrûr* because of the preposition بِـ.

مِائَةٌ and أَلْفٌ have the same form with the feminine *ma'dûd* also, e.g:

أَلْفُ مُسْلِمَةٍ ومائَةُ طَالِبَةٍ

13

6) غَالٍ 'expensive': هَذَا الْكِتَابُ غَالٍ 'This book is expensive.' Here, غَالٍ is not *majrûr*. It is *marfû'*. Its original form is غَـالِيٌ. The letter yâ, along with its *dammah*, have been omitted and the *nûn* of *tanwîn* has been transferred to the preceding letter (ghâli-**yu**-n → ghâli-n). Here are some more words of this type:

مُحَامٍ 'a lawyer' for مُحامِيٌ. e.g.: أَنَا مُحَامٍ 'I am a lawyer.'

قَاضٍ 'a judge' for قَاضِيٌ. e.g.: أَبِي قَاضٍ 'My father is a judge.'

وَادٍ 'a valley' for وَادِيٌ. e.g.: هَذَا وَادٍ 'This is a valley.'

You will later learn more about this class of nouns إِنْ شَاءَ اللهُ تَعَالَى.

VOCABULARY

ذَكِيٌّ	intelligent	مِائَةٌ	hundred
غَبِيٌّ	stupid	أَلْفٌ	thousand
خُلُقٌ	manners	رُوبِيَّةٌ	rupee
مُتَزَوِّجٌ	married	صَفْحَةٌ	page
عَزَبٌ	unmarried	نَاجِحٌ	one who has passed the examination
يَهُودِيٌّ	a Jew	كُمٌّ	sleeve
يَهُودُ	Jews	دُولَارٌ	dollar
مُعْجَمٌ	dictionary		

الـــدَّرْسُ الثَّـــانِي

LESSON 2

هِشَامٌ : السَّلامُ عَلَيْكُمْ وَرَحْمَةُ اللهِ وَبَرَكَاتُهُ.

بِلاَلٌ : وَعَلَيْكُمُ السَّلامُ وَرَحْمَةُ اللهِ وَبَرَكَاتُهُ ... كَيْفَ حَالُكَ يَا أَخِي؟ مَنِ الأَخُ؟

هِشَامٌ : أَنَا مُدَرِّسٌ جَدِيدٌ بِالْجَامِعَةِ. اسْمِي هِشَامٌ. أَنَا مِنَ الْوِلاَيَاتِ الْمُتَّحِدَةِ.

بِلاَلٌ : أَهْلاً وَسَهْلاً وَمَرْحَباً بِكَ يَا أَخِي. أَنَا مَسْرُورٌ بِلِقَائِكَ. أَنَا زَمِيلُكَ.
اسْمِي بِلاَلُ بْنُ حَامِدٍ... أَمِنْ وَاشِنْطُنَ أَنْتَ يَا هِشَامُ؟

هِشَامٌ : لاَ، أَنَا لَسْتُ مِنْ وَاشِنْطُنَ . إِنِّي مِنْ نِيُويُورْكَ.

بِلاَلٌ : أَمُسْلِمٌ أَبُوكَ يَا هِشَامُ؟

هِشَامٌ : لاَ، هُوَ لَيْسَ بِمُسْلِمٍ.

بِلاَلٌ : وَأُمُّكَ، أَمُسْلِمَةٌ هِيَ؟

هِشَامٌ : لَا. هِيَ لَيْسَتْ بِمُسْلِمَةٍ.

بِلاَلٌ : أَلَكَ أَبْنَاءٌ يَا هِشَامُ؟

هِشَامٌ : نَعَمْ ، لِي سِتَّةُ أَبْنَاءٍ.

بِلاَلٌ : أَطُلاَّبٌ هُمْ؟

هِشَامٌ : لاَ، هُمْ لَيْسُوا بِطُلاَّبٍ. إِنَّ بَعْضَهُمْ تُجَّارٌ وَبَعْضَهُمْ مُهَنْدِسُونَ.

بِلاَلٌ : أَلَكَ بَنَاتٌ؟

هِشَامٌ : نَعَمْ. لِي خَمْسُ بَنَاتٍ.

بِلالٌ : أَمُتَزَوِّجَاتٌ هُنَّ؟

هِشَامٌ : لَا، هُنَّ لَسْنَ بِمُتَزَوِّجَاتٍ. إِنَّهُنَّ صِغَارٌ. بَعْضُهُنَّ فِي الْمَدْرَسَةِ الِابْتِدَائِيَّةِ وَبَعْضُهُنَّ فِي الْمَدْرَسَةِ الْمُتَوَسِّطَةِ.

بِلالٌ : أَلَكَ إِخْوَةٌ؟

هِشَامٌ : لَا، لَيْسَ لِي إِخْوَةٌ. إِنَّ لِي ثَلَاثَ أَخَوَاتٍ.

بِلالٌ : أَمُسْلِمَاتٌ هُنَّ؟

هِشَامٌ : نَعَمْ، هُنَّ مُسْلِمَاتٌ، وَالْحَمْدُ لِلَّهِ.

تَمَـــــارين   EXERCISES

Answer the following questions: ١- أَجِبْ عَنِ الْأَسْئِلَةِ الْآتِيَةِ:

(١) مِنْ أَيْنَ هِشَامٌ؟   (٢) مِنْ أَيِّ مَدِينَةٍ هُوَ؟   (٣) كَمْ أُخْتًا لَهُ؟

٢- ضَعْ هَذِهِ الْعَلَامَةَ (✓) أَمَامَ الْجُمَلِ الصَّحِيحَةِ، وَهَذِهِ الْعَلَامَةَ (✗) أَمَامَ الْجُمَلِ الَّتِي لَيْسَتْ صَحِيحَةً:

Mark the correct statements with this (✓) and the incorrect ones with this (✗):

(١) هِشَامٌ مِنْ وَاشِنْطُنَ.   (٢) أَخَوَاتُهُ مُسْلِمَاتٌ.

(٣) بَنَاتُهُ لَسْنَ بِمُتَزَوِّجَاتٍ.   (٤) أَبْنَاؤُهُ طُلَّابٌ.

(٥) أُمُّهُ لَيْسَتْ بِمُسْلِمَةٍ.   (٦) أَبُوهُ مُسْلِمٌ.

Learn the following:	٣- تَأَمَّلْ مَا يَلِي:

حَامِدٌ لَيْسَ بِطَالِبٍ.	حَامِدٌ طَالِبٌ.
الطُّلَّابُ لَيْسُوا بِصِغَارٍ.	الطُّلَّابُ صِغَارٌ.
آمِنَةُ لَيْسَتْ بِطَبِيبَةٍ.	آمِنَةُ طَبِيبَةٌ.
الْفَتَيَاتُ لَسْنَ بِمُتَزَوِّجَاتٍ.	الْفَتَيَاتُ مُتَزَوِّجَاتٌ.
(أَنْتَ) لَسْتَ بِكَبِيرٍ.	أَنْتَ كَبِيرٌ.
(أَنْتُمْ) لَسْتُمْ بِجُدُدٍ.	أَنْتُمْ جُدُدٌ.
(أَنْتِ) لَسْتِ بِفَقِيرَةٍ.	أَنْتِ فَقِيرَةٌ.
(أَنْتُنَّ) لَسْتُنَّ بِمُجْتَهِدَاتٍ.	أَنْتُنَّ مُجْتَهِدَاتٌ.
(أَنَا) لَسْتُ بِمُدَرِّسٍ.	أَنَا مُدَرِّسٌ.
(نَحْنُ) لَسْنَا بِطُلَّابٍ.	نَحْنُ طُلَّابٌ.

٤- أَدْخِلْ (لَيْسَ) عَلَى الْجُمَلِ الْآتِيَةِ:

Rewrite the following sentences using لَيْسَ:

(١) الْبَابُ مُغْلَقٌ. ....

(٢) الْمَاءُ بَارِدٌ. ....

(٣) هِشَامٌ مَرِيضٌ. ....

(٤) أَبِي نَائِمٌ. ....

(٥) الدَّرْسُ صَعْبٌ. ....

(٦) الْمَسْجِدُ قَرِيبٌ. ....

(٧) الطِّفْلُ جَوْعَانُ. .... (بِجَوْعَانَ)

17

٥- اِقْرَأِ الْمِثَالَيْنِ، ثُمَّ أَدْخِلْ (لَيْسَ) عَلَى الْجُمَلِ الْآتِيَةِ :

Rewrite the following sentences using لَيْسَ as shown in the example:

(أ) هُوَ تَاجِرٌ. هُوَ لَيْسَ بِتَاجِرٍ.

(ب) هُوَ مِنَ الْيَابَانِ. هُوَ لَيْسَ مِنَ الْيَابَانِ.

(١) السَّيَّارَةُ جَمِيلَةٌ. ....

(٢) أَنَا غَنِيٌّ. ....

(٣) أَنْتَ فَقِيرٌ. ....

(٤) هِيَ مِنَ الْعِرَاقِ. ....

(٥) نَحْنُ أَذْكِيَاءُ. ....

(٦) هُوَ عَزَبٌ. ....

(٧) الْمُدَرِّسُونَ فِي الْفُصُولِ. ....

(٨) أَنْتِ ذَكِيَّةٌ. ....

(٩) أَنْتُمْ كِبَارٌ. ....

(١٠) اَلطَّالِبَاتُ فِي الْمَكْتَبَةِ. ....

(١١) أَنْتُنَّ طَالِبَاتٌ جُدُدٌ. ....

٦- أَجِبْ عَنِ الْأَسْئِلَةِ الْآتِيَةِ بِالنَّفْيِ مُسْتَعْمِلًا (لَيْسَ):

Answer the following questions in the negative using لَيْسَ:

(١) أَمُهَنْدِسٌ أَبُوكَ؟ ....

(٢) أَمُدَرِّسَةٌ أُمُّكَ؟ ....

18

(٣) أَطُلّابٌ إِخْوَتُكَ؟ ....

(٤) أَمُمَرِّضَاتٌ أَخَوَاتُكَ؟ ....

(٥) أَمُدَرِّسٌ أَنْتَ؟ ....

(٦) أَجُدُدٌ أَنْتُمْ؟ ....

(٧) أَجَدِيدَةٌ سَيَّارَتُكَ؟ ....

٧- يُوَجِّهُ الْمُدَرِّسُ إِلَى كُلٍّ مِنَ الطُّلَّابِ سُؤَالاً يَكُونُ جَوَابُهُ بِالنَّفْيِ وَيَرُدُّ عَلَيْهِ الطَّالِبُ مُسْتَعْمِلاً (لَسْتُ) نَحْوَ:

The teacher asks every student a question like the ones given below, and the student replies in the negative using لَسْتُ :

(١) أَمِنْ أَمْرِيكَا أَنْتَ؟ (٢) أَمُتَزَوِّجٌ أَنْتَ؟

(٣) أَمَرِيضٌ أَنْتَ؟ (٤) أَمُهَنْدِسٌ أَنْتَ؟

٨- اقْرَأِ الْمِثَالَ، ثُمَّ أَدْخِلْ (إِنَّ) عَلَى الْجُمَلِ الآتِيَةِ:

Rewrite the following sentences using إِنَّ as shown in the example:

(أ)   لِي ثَلَاثُ أَخَوَاتٍ. (أَصْلُهُ : ثَلَاثُ أَخَوَاتٍ لِي).

(ب) إِنَّ لِي ثَلَاثَ أَخَوَاتٍ. (أَصْلُهُ : إِنَّ ثَلَاثَ أَخَوَاتٍ لِي).

(١) فِي الْفَصْلِ خَمْسَةُ طُلَّابٍ جُدُدٍ. ....

(٢) لَنَا مُدَرِّسٌ جَيِّدٌ. ....

(٣) فِي جَيْبِي مِائَةُ رِيَالٍ. ....

(٤) فِي الْهِنْدِ أَنْهَارٌ كَثِيرَةٌ. ....

(٥) لَكَ بَرْقِيَّةٌ فِي مَكْتَبِ الْبَرِيدِ. ....

(٦) لِي أَلْفُ دُولَارٍ فِي الْمَصْرِفِ. ....

New words:	الْكَلِمَاتُ الْجَدِيدَةُ:

جَيْبٌ (ج جُيُوبٌ)	جَيِّدٌ	لِقَاءٌ
مَصْرِفٌ (ج مَصَارِفُ)	بَرْقِيَّةٌ (ج بَرْقِيَّاتٌ)	نَهْرٌ (ج أَنْهَارٌ)
		مكتبُ البريدِ

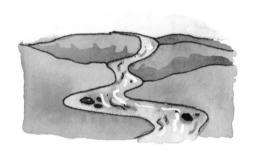

POINTS TO REMEMBER

In this lesson, we learn the following:

1) لَيْسَ: It means 'is not'. It is used in a جُمْلَةٌ اسْمِيَّةٌ, e.g.:

الْبَيْتُ جَدِيدٌ. → لَيْسَ الْبَيْتُ بِجَدِيدٍ. 'The house is not new.'

Note that بِـ is added to the *khabar*, and it is therefore *majrûr.*[1]

After the introduction of لَيْـسَ, the *mubtada'* is called *ismu laisa*, and the *khabar* is called *khabaru laisa*.

The feminine of لَيْسَ is لَيْسَتْ, e.g.:

زَيْنَبُ مَرِيضَةٌ. → لَيْسَتْ زينبُ بِمَرِيضَةٍ. 'Zainab is not sick.'

السَّيَّارَةُ قَدِيمَةٌ. → لَيْسَتِ السَّيَّارَةُ بِقَدِيمَةٍ. 'The car is not old.'

Note that in the second example the *sukûn* of لَيْسَـتْ has changed to *kasrah* because of the following 'al' (laisat l-sayyâratu → *laisat-i-l-sayyâratu*).

The forms of لَيْـسَ with other pronouns are mentioned in Exercise 3. In لَسْتُ بِمُهَنْدِسٍ the pronoun تُ is the *ismu laisa*, and بِمُهَندِسٍ is the *khabaru laisa*.

We can also say أَنَـا لَسْتُ بِمُهَنْدِسٍ. Here أَنَا is *mubtada'* and the sentence لَسْـتُ بِمُهَـنْدِسٍ is *khabar*. This sentence is made up of *ismu laisa* and *khabaru laisa* as we have seen earlier.

Note the following:

أَنَا مُدَرِّسٌ. → لَسْتُ بِمُدَرِّسٍ.

أَنَا مِنَ الْهِنْدِ. → لَسْتُ مِنَ الْهِنْدِ.

---

[1] We can also say لَيْـسَ الْـبيتُ جديدًا. Here the *khabar* has no بِـ, and it is *manṣûb*. You will learn this later إِنْ شَاءَ اللهُ.

If the *khabaru laisa* is a prepositional clause like مِنَ الْهِنْدِ, it does not take بِ—. So one does not say لَسْتُ بِمِنَ الْهِنْدِ.

We have seen in Books One and Two that if the *mubtada'* is indefinite and the *khabar* is a prepositional clause, the *mubtada'* comes after the *khabar*, e.g. لِــي إِخْوَةٌ 'I have brothers.' With لَيْس this sentence becomes لَيْسَ لِي إِخْوَةٌ,

'I have no brothers.' Here إِخْوَةٌ is *ismu laisa* and لِي is *khabaru laisa*.

2) If إِنَّ is added to a sentence like لِــي إِخْوَةٌ, it becomes إِنَّ لِي إِخْوَةً. Here إِخْوَةً is *mansûb* because it is *ismu inna*, and لِي is *khabaru inna*.

3) بِلالُ بْنُ حَامِدٍ 'Bilâl, son of Hâmid'. In a construction like this, the *alif* of ابْنُ is omitted in writing, and the preceding word loses its *tanwîn*.

4) مَــنِ الْأَخُ؟ literally means 'Who is the brother?' It is a polite way of asking a stranger who he is.

VOCABULARY

لِقَاءٌ	meeting	نَهْرٌ	river
أَنَا مَسْرُورٌ بِلِقَائِكَ.	'I am happy to meet you.'	بَرْقِيَّةٌ	telegram
جَيِّدٌ	good	مَصْرِفٌ	bank
جَيْبٌ	pocket	مَكْتَبُ الْبَرِيدِ	post office

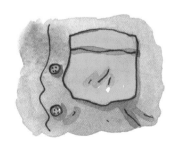

الـــدَّرْسُ الثَّـــالِثُ

LESSON 3

أَحْمَدُ : كَمْ طَالباً فِي فَصْلِكُمْ يَا عَلِيُّ؟

عَلِيٌّ : فِي فَصْلِنَا أَرْبَعَةَ عَشَرَ طَالباً.

أَحْمَدُ : الطُّلاَّبُ فِي فَصْلِنَا أَكْثَرُ. فِيهِ تِسْعَةَ عَشَرَ طَالباً. يَا عَلِيُّ، مَا اسْمُ الطَّالِبِ الْجَدِيدِ الَّذِي جَاءَ أَمْسِ؟

عَلِيٌّ : اِسْمُهُ أُسَامَةُ.

أَحْمَدُ : هُوَ طَوِيلٌ جِدًّا. أَلَيْسَ كَذَلِكَ؟

عَلِيٌّ : بَلَى. هُوَ طَوِيلٌ جِدًّا وَلَكِنَّ حَامِدًا أَطْوَلُ مِنْهُ. إِنَّهُ أَطْوَلُ طَالِبٍ فِي فَصْلِنَا... وَمَنْ أَطْوَلُ طَالِبٍ فِي فَصْلِكُمْ؟

أَحْمَدُ: أَطْوَلُ طَالِبٍ فِي فَصْلِنَا إِبْرَاهِيمُ.

عَلِيٌّ : أَدَفْتَرُكَ هَذَا يَا أَحْمَدُ؟ إِنَّ خَطَّكَ جَمِيلٌ جِدًّا. مَا شَاءَ اللهُ!

أَحْمَدُ: شُكْراً يَا عَلِيُّ. خَطِّي جَمِيلٌ، وَخَطُّكَ أَجْمَلُ.

عَلِيٌّ : مَنْ هَذَا الْفَتَى الَّذِي مَعَكَ يَا أَحْمَدُ؟ كَأَنَّهُ أَخُوكَ؟

أَحْمَدُ : نَعَمْ، هُوَ أَخِي الشَّقِيقُ.

عَلِيٌّ : أَأَكْبَرُ مِنْكَ هُوَ أَمْ أَصْغَرُ؟

أَحْمَدُ : هُوَ أَصْغَرُ مِنِّي.

عَلِيٌّ : فِي أَيِّ مَهْجَعٍ أَنْتَ يَا أَخِي؟

أَحْمَدُ: أَنَا فِي الْمَهْجَعِ الْخَامِسِ، وَهُوَ بَعِيدٌ جِدًّا عَنِ الْجَامِعَةِ.

عَلِيٌّ : أَنَا فِي الْمَهْجَعِ الثَّامِنِ وَهُوَ أَبْعَدُ مِنْ مَهْجَعِكُمْ.

أَحْمَدُ: أَيُّهُمَا أَحْسَنُ؟

عَلِيٌّ : الْمَهْجَعُ الْخَامِسُ أَحْسَنُ فَإِنَّ غُرَفَهُ أَوْسَعُ، وَنَوَافِذَهُ أَكْبَرُ، وَمَرَاحِيضَهُ أَنْظَفُ، وَالسُّرُرَ الَّتِي فِيهِ أَجْمَلُ.

EXERCISES تَمَارِين

Answer the following questions: ١– أَجِبْ عَنِ الْأَسْئِلَةِ الْآتِيَةِ:

(١) كَمْ طَالِبًا فِي فَصْلِ أَحْمَدَ؟ (٢) كَمْ طَالِبًا فِي فَصْلِ عَلِيٍّ؟

(٣) مَنْ أَطْوَلُ طَالِبٍ فِي فَصْلِ أَحْمَدَ؟

(٤) وَمَنْ أَطْوَلُ طَالِبٍ فِي فَصْلِ عَلِيٍّ؟

٢– ضَعْ هَذِهِ الْعَلَامَةَ (✓) أَمَامَ الْجُمَلِ الصَّحِيحَةِ، وَهَذِهِ الْعَلَامَةَ (×) أَمَامَ الْجُمَلِ الَّتِي لَيْسَتْ صَحِيحَةً:

Mark the correct statements with this (✓) and the incorrect ones with this (×):

(١) الطَّالِبُ الْجَدِيدُ الَّذِي جَاءَ أَمْسِ، اسْمُهُ أُسَامَةُ.

(٢) حَامِدٌ فِي فَصْلِ أَحْمَدَ .

(٣) الْمَهْجَعُ الثَّامِنُ غُرَفُهُ أَوْسَعُ.

(٤) الْمَهْجَعُ الثَّامِنُ أَبْعَدُ مِنَ الْمَهْجَعِ الْخَامِسِ.

٣-اقْرَأْ الْمِثَالَيْنِ الآتِيَيْنِ لِـ (اسْمِ التَّفْضِيلِ):

Read the following examples of اسْمُ التَّفْضِيلِ:

(أ) هَاشِمٌ طَوِيلٌ، وَحَامِدٌ أَطْوَلُ مِنْهُ.

(ب) آمِنَةُ صَغِيرَةٌ، وَزَيْنَبُ أَصْغَرُ مِنْهَا.

(١) هَذَا الْكِتَابُ أَسْهَلُ مِنْ ذَاكَ.

(٢) هَذِهِ السَّيَّارَةُ أَجْمَلُ مِنْ تِلْكَ.

(٣) حَمْزَةُ أَكْبَرُ مِنِّي سِنًّا.

(٤) هَؤُلاَءِ الطُّلاَّبُ أَحْسَنُ مِنْ أُولَئِكَ.

(٥) بَيْتِي أَبْعَدُ عَنِ الْمَدْرَسَةِ مِنْ بَيْتِكَ.

(٦) هُوَ أَصْغَرُ مِنَّا سِنًّا.

(٧) خَطِّي أَحْسَنُ مِنْ خَطِّكَ.

(٨) هَذَا الشَّارِعُ أَنْظَفُ مِنْ ذَلِكَ.

(٩) اللَّبَنُ أَحْسَنُ مِنَ الشَّايِ.

(١٠) هَذِهِ السَّاعَةُ أَرْخَصُ مِنْ تِلْكَ.

٤-كَوِّنْ جُمَلاً مِنَ الكَلِمَاتِ الآتِيَةِ مُسْتَعْمِلاً (اسْمَ التَّفْضِيلِ) :

Make sentences with the help of the following words using اسْمُ التَّفْضِيلِ:

(١) هَاشِمٌ / طَوِيلٌ / عُثْمَانُ ....

(٢) الْقَاهِرَةُ / كَبِيرٌ / الرِّيَاضُ ....

(٣) هَذَا الْفُنْدُقُ / نَظِيفٌ / ذَاكَ..........

(٤) اللُّغَةُ الْعَرَبِيَّةُ / سَهْلٌ / اللُّغَةُ الْفَرَنْسِيَّةُ ....

(٥) أَنَا / كَبِيرٌ / هُوَ ....

(٦) هُوَ / صَغِيرٌ / أَنْتَ ....

(٧) الرِّجَالُ / كَثِيرٌ / النِّسَاءُ ....

(٨) أَنْتَ / حَسَنٌ / أَنَا ....

(٩) الْمَوْزُ / رَخِيصٌ / الْعِنَبُ ....

(١٠) الشَّمْسُ / بَعِيدٌ / الْقَمَرُ ....

(٥) اِقْرَأْ الأَمْثِلَةَ ، ثُمَّ حَوِّلِ الْجُمَلَ الآتِيَةَ عَلَى غِرَارِهَا مُسْتَعْمِلاً (اسْمَ التَّفْضِيلِ):

Read the examples, then change the sentences using اسْمُ التَّفْضِيلِ as in the examples:

(أ) مُحَمَّدٌ طَالِبٌ حَسَنٌ. مُحَمَّدٌ أَحْسَنُ طَالِبٍ فِي الْفَصْلِ.

(ب) هَذَا بَيْتٌ جَمِيلٌ . هَذَا أَجْمَلُ بَيْتٍ فِي الشَّارِعِ.

(ج) آمِنَةُ طَالِبَةٌ صَغِيرَةٌ. آمِنَةُ أَصْغَرُ طَالِبَةٍ فِي الْمَدْرَسَةِ.

(١) هَذِهِ غُرْفَةٌ صَغِيرَةٌ. ....فِي بَيْتِنَا.

(٢) بِلاَلٌ لاَعِبٌ حَسَنٌ. ....فِي فَرِيقِنَا.

(٣) يَاسِرٌ رَجُلٌ فَقِيرٌ. ....فِي قَرْيَتِنَا.

(٤) هَذِهِ سَاعَةٌ رَخِيصَةٌ. ....فِي السُّوقِ.

(٥) هَذَا دَرْسٌ سَهْلٌ. ....فِي الْكِتَابِ.

(٦) الدُّكْتُورُ زَكَرِيَّا طَبِيبٌ شَهِيرٌ. ....فِي بَلَدِنَا.

(٧) الأَزْهَرُ جَامِعَةٌ قَدِيمَةٌ. ....فِي الْعَالَمِ.

(٨) الأُسْتَاذُ نُعْمَانُ مُدَرِّسٌ حَسَنٌ. ....فِي الْمَدْرَسَةِ.

(٩) هَذَا دَرْسٌ صَعْبٌ. ....فِي الْكِتَابِ.

(١٠) هَذَا فَصْلٌ وَاسِعٌ. ....فِي الْكُلِّيَّةِ.

٦- اقْــرَأْ الْمِثَالَيْنِ، ثُمَّ ارْبُــطْ بَيْنَ كُلِّ جُمْلَتَيْنِ فِيمَا يَلِي مُسْتَعْمِلاً (لَكِنَّ) وَاعْلَمْ أَنَّ (لَكِنَّ) مِنْ أَخَوَاتِ (إِنَّ):

Combine each pair of the following sentences using لَكِنَّ as shown in the example bearing in mind that لَكِنَّ is a sister of إِنَّ:

(أ) الطُّلاَّبُ كَثِيرٌ. الفَصْلُ صَغِيرٌ = الطُّلاَّبُ كَثِيرٌ لَكِنَّ الفَصْلَ صَغِيرٌ.

(ب) حَامِدٌ مُجْتَهِدٌ. صَدِيقُهُ كَسْلاَنُ = حَامِدٌ مُجْتَهِدٌ لَكِنَّ صَدِيقَهُ كَسْلاَنُ.

(١) مُحَمَّدٌ طَوِيلٌ. حَامِدٌ قَصِيرٌ. ....

(٢) آمِنَةُ مُجْتَهِدَةٌ. أُخْتُهَا كَسْلَى..............

(٣) هَذَا الدَّرْسُ طَوِيلٌ. هُوَ سَهْلٌ..............

(٤) سَيَّارَتِي قَدِيمَةٌ. هِيَ قَوِيَّةٌ. ....

(٥) أَخِي مُتَزَوِّجٌ. أَنَا عَزَبٌ. ....

(٦) إِبْرَاهِيمُ فَقِيرٌ. عَمُّهُ غَنِيٌّ جِدًّا..............

(٧) بَيْتُكَ جَمِيلٌ جِدًّا. هُوَ صَغِيرٌ..............

٧- اقْــرَأْ الْمِــثَالَيْنِ، ثُــمَّ أَدْخِلْ (كَأَنَّ) عَلَى الْجُمَلِ الآتِيَةِ عِلْمًا بِأَنَّ (كَأَنَّ) مِنْ (أَخَوَاتِ إِنَّ):

Rewrite the following sentences using كَأَنَّ as explained in the examples:

(أ) مَنْ هَذَا الْفَتَى؟ كَأَنَّهُ أَخُوكَ.

(ب) مَنْ هَذِهِ الطِّفْلَةُ؟ كَأَنَّهَا أُخْتُكَ.

(١) هُوَ زَمِيلُكَ .... (٢) هِيَ طَبِيبَةٌ. ....

(٣) هُمْ طُلَّابٌ .... (٤) أَنْتَ مَرِيضٌ. ....

(٥) هُوَ مُدَرِّسٌ جَدِيدٌ.......... (٦) أَنْتِ أُخْتُ مَرْيَمَ ....

٨–اِقْرَأْ مَا يَلِي: Read the following:

١١ أَحَدَ عَشَرَ طَالِبًا	١٦ سِتَّةَ عَشَرَ طَالِبًا
١٢ اِثْنَا عَشَرَ طَالِبًا	١٧ سَبْعَةَ عَشَرَ طَالِبًا
١٣ ثَلَاثَةَ عَشَرَ طَالِبًا	١٨ ثَمَانِيَةَ عَشَرَ طَالِبًا
١٤ أَرْبَعَةَ عَشَرَ طَالِبًا	١٩ تِسْعَةَ عَشَرَ طَالِبًا
١٥ خَمْسَةَ عَشَرَ طَالِبًا	٢٠ عِشْرُونَ طَالِبًا

٩–اِقْرَأْ مَا يَلِي، ثُمَّ اكْتُبْهُ مَعَ كِتَابَةِ الأَرْقَامِ الوَارِدَةِ فِيهِ بِالْحُرُوفِ: Read the following sentences, then write them replacing the figures with words:

(١) فِي الْفَصْلِ ١٩ طَالِباً.

(٢) عِنْدِي ١٥ كِتَابًا بِاللُّغَةِ الْعَرَبِيَّةِ وَ ١٢ كِتَابًا بِاللُّغَةِ الْفَرَنْسِيَّةِ.

(٣) رَأَى يُوسُفُ عَلَيْهِ السَّلَامُ فِي الْمَنَامِ ١١ كَوْكَبًا.

(٤) عِنْدِي ٢٠ رِيَالاً.

(٥) كَمْ فُنْدُقاً فِي هَذَا الشَّارِعِ؟ فِيهِ ١٣ فُنْدُقاً.

(٦) فِي هَذِهِ الْمَدِينَةِ ١٤ مَسْجِداً.

(٧) ثَمَنُ هَذَا الْكِتَابِ ١٧ رِيَالاً.

(٨) فِي هَذَا الْكِتَابِ ٢٠ دَرْسًا.

(٩) فِي السَّنَةِ ١٢ شَهْرًا.

١٠ – اِقْرَأْ مَا يَلِي

Learn the ordinal numbers:

١. الدَّرْسُ الأَوَّلُ

٢. الدَّرْسُ الثَّانِي

٣. الدَّرْسُ الثَّالِثُ

٤. الدَّرْسُ الرَّابِعُ

٥. الدَّرْسُ الْخَامِسُ

٦. الدَّرْسُ السَّادِسُ

٧. الدَّرْسُ السَّابِعُ

٨. الدَّرْسُ الثَّامِنُ

٩. الدَّرْسُ التَّاسِعُ

١٠. الدَّرْسُ الْعَاشِرُ

١١ – اِنْعَتْ الأَسْمَاءَ الآتِيَةَ بِالعَدَدِ التَّرْتِيبِي الْمُشْتَقِّ مِنَ العَدَدِ الْمَذْكُورِ أَمَامَ كُلِّ وَاحِدٍ مِنْهَا:

Qualify each of the following nouns with the ordinal number derived from the number appearing before it:

اليَوْمُ ....(٨) فِي السَّنَةِ .... (٤)

الطَّالِبُ..........................(٣) الطَّالِبَةُ .... (٦)

الدَّرْسُ ....(١٠) البَيْتُ .... (٧)

الصَّفْحَةُ ....(٩) الغُرْفَةُ .... (٥)

الْجُزْءُ ....(١) الْجُزْءُ .... (٢)

(الأَوَّلُ : مُؤَنَّثُهُ : الأُولَى ، نَقُولُ: الطَّالِبُ الأَوَّلُ، وَالطَّالِبَةُ الأُولَى)

١٢ – يُوَجِّهُ الْمُدَرِّسُ إِلَى الطُّلاَّبِ أَسْئِلَةً مُكَوَّنَةً مِنْ (أَلَيْسَ كَذَلِكَ؟) فَيُجِيبُ عَنْهَا الطُّلاَّبُ بِـ (بَلَى)، نَحْوَ:

The teacher asks every student a question containing أَلَيْسَ كَذَلِكَ؟ and the student replies saying بَلَى :

أَنْتَ مِنَ الْهِنْدِ. أَلَيْسَ كَذَلِكَ؟

أَنْتَ مَرِيضٌ. أَلَيْسَ كَذَلِكَ؟

١٣ – (أَيُّهُمَـــا). يُشِيْرُ الْمُدَرِّسُ إِلَى طَالِبَيْنِ وَيَقُولُ: هَذَانِ طَالِبَانِ. أَيُّهُمَا أَطْوَلُ؟ و إِلَى كِتَابَيْنِ وَيَقُولُ: هَذَانِ كِتَابَانِ. أَيُّهُمَا أَجْمَلُ؟ وَهَكَذَا.

The teacher asks every student a question containing أَيُّهُما such as أَيُّهُمَا أَطْوَلُ؟ (pointing to two students), أَيُّهُمَا أَجْمَلُ؟ (pointing to two books), and so on.

New words: الْكَلِمَاتُ الْجَدِيدَةُ:

مَهْجَعٌ (ج مَهَاجِعُ)	كَوْكَبٌ (ج كَوَاكِبُ)	وَاسِعٌ
فَرِيقٌ (ج فُرَقَاءُ)	شَقِيقٌ (ج أَشِقَّاءُ)	ثَمَنٌ
عَالِمٌ	شَهِيرٌ	شَهْرٌ (ج شُهُورٌ)
لاَعِبٌ (ج لاَعِبُونَ)	فِي الْمَنَامِ	الأَزْهَرُ

POINTS TO REMEMBER

In this lesson, we learn the following:

1) Comparative and superlative degrees of the adjective: Adjectives in the comparative degree are on the patter of أَفْعَلُ like أَجْمَلُ 'more beautiful,' أَحْسَنُ 'better,' أَصْغَرُ 'smaller,' أَقْدَمُ 'older'. As we have already learnt, words on this pattern are diptotes and so have no *tanwîn*.

أَفْعَلُ is followed by مِنْ 'than', e.g.:

حامدٌ أَطْوَلُ مِنْ بِلَالٍ. 'Hâmid is taller than Bilâl.'

أَفْعَلُ is the same for masculine, feminine, singular and plural, e.g.:

بِلَالٌ أَطْوَلُ مِنْ آمِنَةَ. 'Bilâl is taller than Aminah.'

آمِنَةُ أَطْوَلُ مِنْ بِلَالٍ. 'Âminah is taller than Bilâl.'

الأَبْنَاءُ أَطْوَلُ مِنَ البَنَاتِ. 'The sons are taller than the daughters.'

البَنَاتُ أَطْوَلُ مِنَ الأَبْنَاءِ. 'The daughters are taller than the sons.'

Note the following examples wherein مِن is followed by a pronoun:

أَنْتَ أَحْسَنُ مِنِّي. 'You are better than I.'[1]

أَنَا أَقْصَرُ مِنْكَ. 'I am shorter than you.'

هُمْ أَكْبَرُ مِنَّا سِنًّا. 'They are older than we.'[2]

أَفْعَلُ is also used for the superlative degree. In this case, it is followed by a <u>*majrûr*</u> noun:

إِبْرَاهِيمُ أَحْسَنُ طَالِبٍ فِي الْمَدْرَسَةِ. 'Ibrahîm is the best student in the school.'

---

[1] Note that in مِنِّي the *nûn* has *shaddah*. There is no *shaddah* with other pronouns:

مِنْهُ,مِنْكَ,مِنْهَا,مِنْهُم, but مِنَّا has *shaddah* because it is made up of مِنْ and نا.

[2] سِنٌّ means 'age'. أَكْبَرُ سِنًّا literally means 'bigger in age'.

الأَزْهَرُ أَقْدَمُ جامعةٍ في العَالَمِ. 'Al-Azhar is the oldest university in the world.'

فاطِمَةُ أَكْبَرُ طالبةٍ في فَصْلِنا. 'Fâtimah is the eldest student in our class.'

The Arabic name for both the comparative and superlative degrees is أَفْعَلُ التَّفْضِيل.

2) وَلكِنَّ: 'but' is one of the sisters of إِنَّ, and so acts like إِنَّ, e.g.:

بِلالٌ مُجْتَهِدٌ وَلَكِنَّ حامدًا كَسْلانُ. 'Bilâl is hard-working, but Hâmid is lazy.'

أَخِي مُتَزَوِّجٌ ولكِنِّي عَزَبٌ. 'My brother is married but I am a bachelor.'

سيَّارَتِي قَدِيمَةٌ ولكنَّها قَوِيَّةٌ. 'My car is old, but it is strong.'

3) كَـأَنَّ is one of the sisters of إِنَّ, and so the noun following it is *mansûb*. It means 'it looks as if', e.g.:

كَأَنَّ الإِمَامَ مَرِيْضٌ. 'It looks as if the imam is sick.'

مَنْ هٰذه الفَتَاةُ؟ كَأَنَّها أُخْتُكَ. 'Who is this girl? It looks as if she is your sister.'

كَأَنَّ هذه السَّيَّارَةَ لَهُ. 'It looks as if this car belongs to him.'

كَأَنَّكَ مِنَ الهِنْدِ. 'You seem to be from India.'

4) The numbers from 11 to 20 with a masculine *ma'dûd*. These numbers are compound: they consist of two parts. The *ma'dûd* is singular, *mansûb*, e.g.:

أَحَدَ عَشَرَ كَوْكَبًا 'eleven stars'

تِسْعَةَ عَشَرَ كِتابًا 'nineteen books'

We will deal with these numbers under four heads:

(a) Numbers 11 and 12:

Here both parts agree with the *ma'dûd*, e.g.:

أَحَدَ عَشَرَ طالبا 'eleven male students.'

إحْدَى عَشْرَةَ طالبةً 'eleven female students.'

اثْنَا عَشَرَ طالبًا ' twelve male students'

اثْنَتَا عَشْرَةَ طالبَةً 'twelve female students.'

(b) Numbers from 13 to 19:

Here the second part agrees with the *ma'dûd* and the first part does not, e.g.:

ثَلاَثَةَ عَشَرَ طالبًا — طالبًا, عَشَرَ: masculine; ثَلاَثَةَ: feminine

ثَلاَثَ عَشْرَةَ طالبةً — طالبةً, عَشْرَةَ: feminine; ثَلاَثَ: masculine

As you can see, in ثَلاَثَةَ عَشَرَ طالبًا the *ma'dûd*, طالبًا, is masculine, so the second part of the number عَشَرَ is masculine while the first part ثَلاَثَةَ is feminine as indicated by the ة-ending.

In ثَلاَثَ عَشْرَةَ طالبَةً, the *ma'dûd* طالبةً is feminine, so the second part of the number عَشْرَةَ is also feminine while the first part ثَلاَثَ is masculine as indicated by the absence of ة.

In this lesson we learn these numbers only with the masculine *ma'dûd*. We will learn them again with the feminine *ma'dûd* in Lesson 6.

(c) These numbers are *mabni* (indeclinable).[1] In other words, they do not change to indicate their function in the sentence. This will become clear by comparing the numbers from 3 to 10 with these numbers.

---

[1] The word اثْنَا and اثْنَتَا in اثْنَا عَشَرَ and اثْنَتَا عَشْرَةَ are *mu'rab* (declinable). In the *jarr* and *naṣb* cases, they become اثْنَيْ and اثْنَتَيْ respectively, e.g.:

عِنْدِي اثْنَا عَشَرَ رِيالاً 'I have twelve riyals.'

أُرِيْدُ اثْنَيْ عَشَرَ رِيالاً 'I want twelve riyals.'

هذا الكتابُ باثْنَيْ عَشَرَ رِيالاً 'This book costs twelve riyals.'

عِنْدي ثَلاثَةُ رِيالاتٍ 'I have three riyals.'

أُرِيْدُ ثَلاثَةَ رِيالاتٍ 'I want three riyals.'

هذا القلمُ بِثَلاثَةِ رِيالاتٍ 'This pen costs three riyals.'

عِنْدِيْ ثَلاثَةَ عَشَرَ رِيالاً

أُرِيْدُ ثَلاثَةَ عَشَرَ رِيالاً

هذا القلمُ بِثَلاثَةَ عَشَرَ رِيالاً

Note that اثْـنـا and اثْنَتَا commence with *hamzat al-wasl* and it is omitted in pronunciation when preceded by a word.

(d) The number 20 is عِشْـرُونَ. It has the same form for both the masculine and feminine *ma'dûd*. The *ma'dûd* is singular, *mansûb*, e.g.:

عِشْرُونَ طالبةً ,عِشْرُونَ طالبًا

We will learn the numbers from 30 to 90 in Book V إن شاء الله. We'll learn there the other cases of these numbers as well.

5) The word for 'first' is أَوَّلُ. Ordinal numbers from 2 to 10 are formed on the pattern of فَاعِلٌ: ثَالِثٌ 'third', رابِعٌ 'fourth', خَامِسٌ 'fifth', سَادِسٌ 'sixth'.

Second' is ثَـانٍ, which is originally ثَانِيٌ like غالٍ in Lesson 1. With ال, it is الثَّانِي.

6) أَلَيْـسَ كَذلِـكَ؟: 'isn't it so?' If a student is asked أَنْتَ طالِبٌ، أَلَيْسَ كَذَلِكَ؟ the answer is 'بَلَى'. We'll learn more about بَلَى in Lesson 6.

7) أَيُّهُما : 'which of the two?', e.g.:

فِي الفصلِ طالبانِ من فرَنسا. أَيُّهُما أَخُوكَ؟ 'There are two students from France in the class. Which of them is your brother?'

8) The two broken plural forms مَفَاعِلُ and مَفَاعِيلُ like فَنَادِقُ and فَنَاجِيْنُ are called مُنْتَهى الجُمُوعِ.

VOCABULARY

مَهْجَعٌ	hostel	شَهْرٌ	month
كَوْكَبٌ	star	لاعِبٌ	player
فَرِيقٌ	team	وَاسِعٌ	spacious, large
شَقِيقٌ	full brother	شَهِيرٌ	famous
فِي الْمَنَامِ	in dream	ثَمَنٌ	price
نافِذَةٌ	window, pl. نَوافِذُ	كَسْلَى	lazy (fem. of كَسْلَانُ)
سِنٌّ	age, tooth		

الدَّرْسُ الرَّابِعُ

LESSON 4

يُوسُفُ : السَّلاَمُ عَلَيْكُمْ وَرَحْمَةُ اللهِ وَبَرَكَاتُهُ.

إبْرَاهِيمُ : وَعَلَيْكُمُ السَّلاَمُ وَرَحْمَةُ اللهِ وَبَرَكَاتُهُ. أَهْلاً وَسَهْلاً وَمَرْحَبًا بِكَ يَا خَالِي. كَيْفَ حَالُكَ؟ لَعَلَّكَ بِخَيْرٍ.

يُوسُفُ : اَلْحَمْدُ لِلَّهِ...أَيْنَ أَبُوكَ يَا إبْرَاهِيمُ؟

إبْرَاهِيمُ : ذَهَبَ إِلَى السُّوقِ.

يُوسُفُ : وَأَيْنَ أُمُّكَ؟

إبْرَاهِيمُ : ذَهَبَتْ إِلَى خَالَتِي زَيْنَبَ.

يُوسُفُ : وَأَيْنَ إِخْوَتُكَ؟

إبْرَاهِيمُ : ذَهَبُوا إِلَى الْجَامِعَةِ.

يُوسُفُ : وَأَيْنَ أَخَوَاتُكَ؟

إبْرَاهِيمُ : ذَهَبْنَ إِلَى الْمَدْرَسَةِ.

يُوسُفُ : أَمَا ذَهَبْتَ إِلَى الْمَدْرَسَةِ الْيَوْمَ؟

إبْرَاهِيمُ : بَلَى، ذَهَبْتُ وَرَجَعْتُ بَعْدَ الْحِصَّةِ الأُولَى.

يُوسُفُ : لِمَاذَا رَجَعْتَ؟

إبْرَاهِيمُ : رَجَعْتُ لأَنَّنِي مَرِيضٌ.

يُوسُفُ : لاَ بَأْسَ ... أَذَهَبْتَ إِلَى طَبِيبٍ؟

إبْرَاهِيمُ : نَعَمْ، ذَهَبْتُ.

EXERCISES تَمَــــارِين

١-أَجِبْ عَنِ الأَسْئِلَةِ الآتِيَةِ:
Answer the following questions:

(١) أَيْنَ ذَهَبَ أَبُو إِبْرَاهِيمَ؟ (٢) وَأَيْنَ ذَهَبَتْ أُمُّهُ؟

(٣) مَتَى رَجَعَ إِبْرَاهِيمُ مِنَ الْمَدْرَسَةِ؟

٢- ضَعْ هَذِهِ الْعَلَامَةَ (✓) أَمَامَ الْجُمَلِ الصَّحِيحَةِ، وَهَذِهِ الْعَلَامَةَ (×) أَمَامَ الْجُمَلِ الَّتِي لَيْسَتْ صَحِيحَةً:
Mark the correct statements with this (✓) and the incorrect ones with this (×):

(١) إِبْرَاهِيمُ ابْنُ أُخْتِ يُوسُفَ.

(٢) يُوسُفُ عَمُّ إِبْرَاهِيمَ.

(٣) أَخَوَاتُ إِبْرَاهِيمَ ذَهَبْنَ إِلَى الْمَكْتَبَةِ.

(٤) إِخْوَةُ إِبْرَاهِيمَ ذَهَبُوا إِلَى الْجَامِعَةِ.

(٥) إِبْرَاهِيمُ مَا ذَهَبَ إِلَى الطَّبِيبِ.

٣- ضَــعْ فِــي الأَمَــاكِنِ الْخَالِيَةِ فِيمَا يَلِي الْفِعْلَ (ذَهَبَ) وَأَسْنِدْهُ إِلَى الضَّمِيرِ الْمُنَاسِبِ:
Fill in the blanks with suitable forms of ذَهَبَ :

(١) الأَوْلَادُ.........إِلَى الْمَلْعَبِ. (٢) الطَّالِبَاتُ..........إِلَى الْمَدْرَسَةِ.

(٣) الْمُدَرِّسُ.........إِلَى الْفَصْلِ. (٤) أَنَا...........إِلَى الْمَطَارِ.

(٥) أُخْتِي...........إِلَى الْمَطْبَخِ. (٦) أَيْنَ............أَنْتَ؟

٤-صَحِّحِ الْجُمَلَ الآتِيَةَ: Correct the following sentences:

(١) أَذَهَبْتُ إِلَى الْمُسْتَشْفَى يَا مُحَمَّدُ؟ ....

(٢) آمِنَةُ وَفَاطِمَةُ وَزَيْنَبُ رَجَعُوا مِنَ الْجَامِعَةِ. ....

(٣) زُمَلَائِي ذَهَبَ إِلَى مَكَّةَ. ....

(٤) أَنَا رَجَعْتَ مِنَ الرِّيَاضِ أَمْسِ. ....

(٥) مَرْيَمُ وَبَنَاتُهَا ذَهَبَتْ إِلَى جُدَّةَ. ....

(٦) أُمِّي قَالَ: أَنَا مَرِيضٌ. ....

٥-أَجِبْ عَنِ الأَسْئِلَةِ الآتِيَةِ بِالنَّفْيِ مُسْتَعْمِلاً (مَا):

Answer the following questions in the negative using ما:

(١) أَذَهَبْتَ إِلَى الْمَدْرَسَةِ أَمْسِ؟

(٢) أَرَجَعَ أَبُوكَ مِنْ بَغْدَادَ؟

(٣) أَذَهَبَتْ أُخْتُكَ إِلَى الْمُسْتَشْفَى؟

٦-تَأَمَّلْ مَا يَلِي: Learn the use of لِأَنَّ:

(لِأَنَّ) = لِـ + أَنَّ. وَ(أَنَّ) مِنْ أَخَوَاتِ (إِنَّ).

لِأَنَّ + هُوَ= لِأَنَّهُ. لِأَنَّ + هِيَ = لِأَنَّهَا

لِأَنَّ + أَنْتَ = لِأَنَّكَ.

رَجَعَ حَامِدٌ مِنَ الْمَدْرَسَةِ لِأَنَّهُ مَرِيضٌ.

رَجَعَتْ آمِنَةُ مِنَ الْمَدْرَسَةِ لِأَنَّهَا مَرِيضَةٌ.

رَجَعْتُ مِنَ الْمَدْرَسَةِ لِأَنَّنِي مَرِيضَةٌ.

٧- اِقْرَأِ الْمِثَالَ، ثُمَّ أَجِبْ عَنِ الْأَسْئِلَةِ الْآتِيَةِ بِـ (نَعَمْ) أَوْ (بَلَى):

Read the examples, and answer the following questions by using نَعَمْ or بَلَى :

أَذَهَبْتَ إِلَى الْمَدْرَسَةِ أَمْسِ؟   نَعَمْ، ذَهَبْتُ.

أَمَا ذَهَبْتَ إِلَى الْمَدْرَسَةِ أَمْسِ.   بَلَى، ذَهَبْتُ.

(١) أَرَجَعَ أَبُوكَ مِنَ السُّوقِ؟ ....

(٢) أَمَا رَجَعَ أَبُوكَ مِنَ السُّوقِ؟ ....

(٣) أَذَهَبَتْ لَيْلَى إِلَى الْجَامِعَةِ؟ ....

(٤) أَمَا ذَهَبَ أَخُوكَ إِلَى الرِّيَاضِ؟ ....

39

POINTS TO REMEMBER

In this lesson we learn the following:

1) The verb in the *mâḏi* (past tense), e.g.: ذَهَبَ 'he went', رَجَعَ 'he returned'.

Most Arabic verbs have only three letters which are called the radicals. The basic form of the verb in Arabic is the *mâḏi*. As we have seen in Book II, ذَهَبَ means 'he went'. But if it is followed by a subject, the pronoun 'he' is to be omitted, e.g.: ذَهَبَ بِلالٌ means 'Bilâl went' and not 'Bilâl he went'. In the same way, ذَهَبَتْ means 'she went,' but if a subject follows, the pronoun 'she' is dropped, e.g.:

ذَهَبَتْ آمِنَةُ. 'Âminah went.'

In ذَهَبَ 'he went' and ذَهَبَتْ 'she went,' the subject is said to be *ḏamîr mustatir* ضَمِيرٌ مُسْتَتِرٌ (hidden pronoun).

To this basic form of the *mâḏi*, suffixes are added to indicate the other pronouns. This process is called *isnâd* (الإِسْنَادُ). In this lesson, we learn the *isnâd* of the verb in the *mâḏi* to the following pronouns:

ذَهَبَ 'he went': the subject is *ḏamîr mustatir*.

ذَهَبَتْ 'she went': the subject is *ḏamîr mustatir*. The *tâ* (تْ) is the sign of its being feminine.

ذَهَبُوا 'they (masc.) went': the subject is the *wâw*. The *alif* after the *wâw* is not pronounced (dhahab-**û**).

ذَهَبْنَ 'they (fem.) went': the subject is the *nûn* (dhahab-**na**).

ذَهَبْتَ 'you (masc. sing.) went': the subject is *ta* (dhahab-**ta**).

ذَهَبْتُ 'I (masc. & fem.) went': the subject is *tu* (dhahab-**tu**).

Note the difference between the masculine and feminine forms:

أَيْنَ بلالٌ وَحامِدٌ وَخالِدٌ؟ – ذَهَبُوا إِلَى السُّوقِ.

أَيْنَ آمِنَةُ، وفاطِمَةُ وزَيْنَبُ؟ – ذَهَبْنَ إِلَى الْمَدْرَسَةِ.

2) To render a verb in the *mâḏi* negative, the particle مَا is used, e.g.:

ذَهَبْتُ إِلَى السُّوقِ. 'I went to the market.' → مَاذَهَبْتُ إِلَى السُّوقِ.

'I did not go to the market.'

ما خَرَجَ الإِمَامُ مِنَ الْمَسْجِدِ. 'The *imâm* did not go out of the mosque.'

دَخَلَ بِلالٌ وَلَكِنَّهُ مَا جَلَسَ. 'Bilâl entered but he did not sit.'

3) The difference between نَعَمْ and بَلَى: The word بَلَى is used in reply to a negative question. If a Muslim is asked أَلَسْـــتَ بِمُسْلِمٍ؟ 'Are you not a Muslim?' the answer is: بَلَى، أَنَا مُسْلِمٌ 'Yes, I am a Muslim.' But if a non-Muslim is asked the same question, he replies نَعَمْ، لَسْتُ بِمُسْلِمٍ So in reply to a negative question, نعـــم means 'no' and بَـــلَى means 'yes'. German has a word for بَلَى. It is 'doch'.

4) لِأَنَّ: 'because', e.g.:

مــا خَــرَجْتُ مِنَ الْبَيْتِ لأَنَّ الْجَوَّ بارِدٌ. 'I did not go out of the house because the weather is cold.'

ذَهَبَ إِبْرَاهِيمُ إِلَى الْمُسْتَشْفَى لأَنَّهُ مَرِيضٌ. 'Ibrahîm went to the hospital because he is sick.'

Note that لِأَنَّ is made up of لِ 'for' and أَنَّ which is a sister of إِنَّ. So the noun following it is *mansûb*.

VOCABULARY

لاَ بَأْسَ 'May no harm come to you!' (Said to one who is sick.)

شَايٌ tea

الدَّرْسُ الْخَامِسُ

LESSON 5

الْمُدَرِّسُ : مَنْ فَتَحَ بَابَ الْفَصْلِ؟
حَامِدٌ : أَنَا فَتَحْتُهُ.
الْمُدَرِّسُ : وَمَنْ فَتَحَ النَّوَافِذَ؟
عَلِيٌّ : أَنَا فَتَحْتُهَا.
الْمُدَرِّسُ : مَنْ كَسَرَ هَذَا الْمَكْتَبَ؟ أَأَنْتَ كَسَرْتَهُ يَا هَاشِمُ؟
هَاشِمٌ : لاَ، إِنِّي مَا كَسَرْتُهُ.
الْمُدَرِّسُ : أَرَجَعَ زَكَرِيَّا وَحَمْزَةُ وَعُثْمَانُ مِنْ مَكَّةَ؟
حَامِدٌ : لاَ، مَا رَجَعُوا.
عَبَّاسٌ : يَا أُسْتَاذُ، خَرَجَ الطُّلاَّبُ الْجُدُدُ وَذَهَبُوا إِلَى الْمُدِيرِ.
الْمُدَرِّسُ : أَفَهِمْتَ الدَّرْسَ يَا طَلْحَةُ؟
طَلْحَةُ : نَعَمْ، فَهِمْتُهُ جَيِّداً.

الْمُدَرِّسُ : أَكَتَبْتَ الأَجْوِبَةَ يَا فَيْصَلُ؟
فَيْصَلٌ : لاَ، مَا كَتَبْتُهَا.
الْمُدَرِّسُ : لِمَاذَا؟
فَيْصَلٌ : لأَنَّنِي مَا فَهِمْتُ الأَسْئِلَةَ.
الْمُدَرِّسُ : أَحَفِظْتَ سُورَةَ الْفَجْرِ يَا إِبْرَاهِيمُ؟
إِبْرَاهِيمُ : نَعَمْ. حَفِظْتُهَا، وَحَفِظْتُ سُورَةَ التِّينِ أَيْضًا.

EXERCISES تَمَــــــارِين

١–أَجِبْ عَنِ الأَسْئِلَةِ الآتِيَةِ : Answer the following questions:

(١) أيْنَ ذَهَبَ الطُّلاَّبُ الْجُدُدُ؟ (٢) أَفَهِمَ طَلْحَةُ الدَّرْسَ؟

(٣) أَيَّ سُورَةٍ حَفِظَ إبْرَاهِيمُ؟ (٤) مَنْ فَتَحَ النَّوَافِذَ؟

٢– ضَعْ هَذِهِ الْعَلاَمَةَ (✓) أَمَامَ الْجُمَلِ الصَّحِيحَةِ، وَهَذِهِ الْعَلاَمَةَ (×) أَمَامَ الْجُمَلِ الَّتِي لَيْسَتْ صَحِيحَةً:

Mark the correct statements with this (✓) and the incorrect ones with this (×):

(١) فَتَحَ عَلِيٌّ الفَصْلَ.

(٢) مَا رَجَعَ زَكَرِيَّا وَحَمْزَةُ وَعُثْمَانُ من مَكَّةَ.

(٣) مَا كَتَبَ فَيْصَلٌ الأَجْوِبَةَ لأَنَّهُ مَا فَهِمَ الأَسْئِلَةَ .

(٤) مَا كَتَبَ فَيْصَلٌ الأَجْوِبَةَ لأَنَّ قَلَمَهُ مَكْسُورٌ.

٣–تَأَمَّلِ الأَمْثِلَةَ الآتِيَةَ: Read and remember:

الْقُرْآنُ : قَرَأَ الطَّالِبُ الْقُرْآنَ. القَهْوَةُ : شَرِبَ الضَّيْفُ الْقَهْوَةَ.

الدَّرْسُ : كَتَبَ الْمُدَرِّسُ الدَّرْسَ. البَابُ : فَتَحَتْ آمِنَةُ الْبَابَ.

قَرَأَ الطَّالبُ الْقُــرْآنَ.
↓ ↓
الفَاعِلُ الْمَفْعُولُ بِهِ

٤- عَيِّنِ الْفَاعِلَ وَالْمَفْعُولَ بِهِ فِي الْجُمَلِ الْآتِيَةِ. ضَعْ خَطًّا وَاحِدًا تَحْتَ الْفَاعِلِ وَخَطَّيْنِ تَحْتَ الْمَفْعُولِ بِهِ وَاشْكُلْ آخِرَ كُلٍّ مِنْهُمَا:

Draw one line under the فَاعِلٌ and two lines under the مَفْعُولٌ بِهِ in the following sentences and vowelize their last letters:

(١) كَسَرَ الطِّفْلُ الْقَلَمَ.

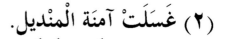

(٢) غَسَلَتْ آمِنَةُ الْمِنْدِيلَ.

(٣) أَكَلَ أُسَامَةُ الْعِنَبَ وَأَكَلَتْ زَوْجَتُهُ الْمَوْزَ.

(٤) شَرِبَتِ الْبَقَرَةُ الْمَاءَ.

(٥) حَفِظَ حَمْزَةُ الْقُرْآنَ.

(٦) ضَرَبَتْ فَاطِمَةُ بِنْتَها.

(٧) قَتَلَ الرَّجُلُ الْحَيَّةَ بِالْحَجَرِ.

(٨) سَمِعَ بِلَالٌ الْأَذَانَ وَذَهَبَ إِلَى الْمَسْجِدِ.

(٩) كَتَبَ الْمُدَرِّسُ الدَّرْسَ عَلَى السَّبُّورَةِ.

(١٠) فَتَحَ الْبَقَّالُ الدُّكَّانَ فِي السَّاعَةِ الثَّامِنَةِ.

٥- أَكْمِلِ الْجُمَلَ الْآتِيَةَ بِكَلِمَاتٍ مُنَاسِبَةٍ وَاضْبِطْهَا بِالشَّكْلِ:

Fill in the blanks with suitable words and vowelize their last letters:

(١) مَنْ فَتَحَ ....؟

(٢) غَسَلَتْ أُخْتِي......................

(٣) ....الرَّجُلُ الْحَيَّةَ بِالْعَصَا.

(٤) ....يُوسُفُ الْقَهْوَةَ.

(٥) كَتَبَ الْمُدَرِّسُ..........عَلَى السَّبُّورَةِ.

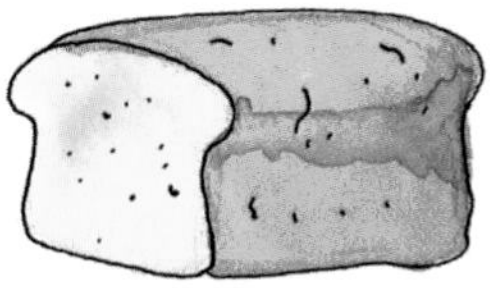

(٦) .... سُعَادُ الْخُبْزَ.

(٧) قَرَأْتُ............

(٨) أَ...........الأَذَانَ يَا حَمْزَةُ؟

(٩) ....التَّاجِرُ الدُّكَّانَ.

(١٠) ....الطُّلاَّبُ مِنَ الْفَصْلِ.

٦- اِجْعَلْ كُلاًّ مِّنَ الْكَلِمَاتِ الآتِيَةِ مَفْعُولاً بِهِ وَاضْبِطْ آخِرَهَا:

Use each of the following words in a sentence as مَفْعُولٌ بِهِ and vowelize its last letter:

الْقُرْآنُ............ الْقَهْوَةُ ....

التُّفَّاحُ............ الْبَابُ ....

الدَّرْسُ............ الْقَمِيصُ............

٧- تَأَمَّلِ الْمِثَالَيْنِ الآتِيَيْنِ:

Examine the following examples:

(١) الطُّلاَّبُ ذَهَبُوا إِلَى الْمَلْعَبِ. (٢) الطَّالِبَاتُ ذَهَبْنَ إِلَى الْمَكْتَبَةِ.

ذَهَبَ الطُّلاَّبُ إِلَى الْمَلْعَبِ. (٣) ذَهَبَتْ الطَّالِبَاتُ إِلَى الْمَكْتَبَةِ.

٨- قَدِّمْ الفِعْلَ فِي الْجُمَلِ الآتِيَةِ كَمَا هُوَ مُوَضَّحٌ فِي الْمِثَالِ:

Change each of the following nominal sentences to verbal sentences as shown in the example:

(١) الأَوْلاَدُ شَرِبُوا الْقَهْوَةَ. شَرِبَ الأَوْلاَدُ الْقَهْوَةَ.

(٢) النَّاسُ سَمِعُوا الأَذَانَ. ....

(٣) الطُّلاَّبُ كَتَبُوا الأَجْوِبَةَ. ....

(٤) الطَّالِبَاتُ دَخَلْنَ الْفَصْلَ. ....

(٥) اَلْمُدَرِّسُونَ خَرَجُوا مِنَ الْفُصُولِ. ....

(٦) زُمَلَائِي رَجَعُوا مِنْ مَكَّةَ. ....

(٧) أَخَوَاتِي غَسَلْنَ الْقُمْصَانَ. ....

(٨) التُّجَّارُ فَتَحُوا الدَّكَاكِينَ. ....

(٩) الطَّبِيبَاتُ ذَهَبْنَ إِلَى الْمُسْتَشْفَى ....

(١٠) الطُّلَّابُ فَهِمُوا الدَّرْسَ. ....

٩- تَأَمَّلِ الْأَمْثِلَةَ الْآتِيَةَ:   **Read and remember:**

(١) خَرَجَ الطُّلَّابُ وَذَهَبُوا.

(٢) قَرَأَ الطُّلَّابُ وَكَتَبُوا.

(٣) أَكَلَ النَّاسُ وَشَرِبُوا.

١٠- كَوِّنْ جُمَلًا مِثْلَ هَذِهِ مُسْتَعْمِلًا الْفِعْلَيْنِ الْوَارِدَيْنِ فِي كُلِّ تَمْرِينٍ وَمُسْتَعِينًا

بِالْكَلِمَاتِ الَّتِي بَيْنَ الْقَوْسَيْنِ:

Make a sentence from each pair of verbs on the pattern of the examples above. Note that the second verb has the plural ending while the first does not:

(١) دَخَلَ / جَلَسَ .... (الطُّلَّابُ / الْفَصْلُ)

(٢) ضَرَبَ / قَتَلَ .... (الْأَوْلَادُ / الْحَيَّةُ)

(٣) قَرَأَ / فَهِمَ .... (الطُّلَّابُ / الدَّرْسُ)

(٤) سَمِعَ / ذَهَبَ .... (النَّاسُ / الْأَذَانُ / الْمَسْجِدُ)

46

١١-كَوِّنْ جُمَلاً مُسْتَعْمِلاً الْكَلِمَاتِ الآتِيَةَ:

Use each of the following verbs in a sentence:

أَكَـــلَ- غَسَـــلَ- قَـــرَأَ -كَتَـــبَ - ضَـــرَبَ - قَتَـــلَ -

دَخَـــلَ- خَـــرَجَ- حَـــفِـــظَ - شَـــرِبَ - فَهِـــمَ - سَمِـــعَ.

١٢-تَأَمَّلْ مَا يَلِي: Read and remember:

مَنْ فَتَحَ الْبَابَ؟ أَنَا فَتَحْتُهُ. (فَتَحْتُ + هُ).

مَنْ فَتَحَ النَّوَافِذَ؟ أَنَا فَتَحْتُهَا. (فَتَحْتُ + هَـــا).

الكَلِمَاتُ الْجَدِيدَةُ: New words:

العِـــنَبُ	الْمَـــوْزُ	التِّـــينُ	الفَجْرُ
جَوَابٌ (ج أَجْوِبَةٌ)	سُؤَالٌ (ج أَسْئِلَةٌ)	البَـــقَّـــالُ	العَصَـــا
حَيَّةٌ (ج حَيَّاتٌ)	سَمِـــعَ	فَهِـــمَ	شَـــرِبَ

POINTS TO REMEMBER

In this lesson, we learn the following:

1) The *fâ'il* (the subject) of a verbal sentence: We have already learnt that in Arabic there are two types of sentence: nominal and verbal. The nominal sentence commences with a noun, and the verbal sentence commences with a verb. The subject of a verbal sentence is called *fâ'il* (الفَاعِلُ), e.g.:

> ذَهَبَ بِلالٌ 'Bilâl went'.

The *fâ'il* is *marfû*. The *fâ'il* can be a pronoun also, e.g:

> ذَهَبُوا dhahab-**û** 'they went': the *fâ'il* is the wâw.
>
> ذَهَبْتَ dhahab-**ta** 'you went': the *fâ'il* is 'ta'.
>
> ذَهَبْنَا dhahab-**nâ** 'we went': the *fâ'il* is 'nâ'.

Note that in ذَهَبَ الطُّلاّبُ 'the students went,' the verb ذَهَبَ has no *wâw* at the end, because ذَهَبُوا means 'they went,' and if we say ذَهَبُوا الطُّلاّبُ it means 'they the students went'. This is not correct because there cannot be two *fâ'ils* for a verb.

But we can say الطُّلاّبُ ذَهَبُوا. Here, الطُّلاّبُ is *mubtada'* and the sentence ذَهَبُوا 'they went' is *khabar*.

The same also applies to third person feminine, e.g.:

> ذَهَبَتِ البَنَاتُ. 'the girls went' or البَنَاتُ ذَهَبْنَ.

Learn this rule:

Nominal sentence: الطُّلاَّبُ ذَهَبُوا. — الطَّالِبَاتُ ذَهَبْنَ.

Verbal sentence: ذَهَبَ الطُّلاَّبُ. — ذَهَبَتِ الطَّالِبَاتُ.

2) The *maf'ûl bihi* (the object). The *maf'ûl bihi* is *mansûb*, e.g.:

فَتَحَ الوَلَدُ البَابَ. 'the boy opened the door.'

Here البابَ is the *maf'ûl bihi* and so it is *mansûb*. Here are some more examples:

رَأَيْتُ حامدًا. 'I saw Hâmid.'

سَأَلَتْ الْمُدِيرَةُ زَيْنَبَ. 'The headmistress asked Zainab.'

شَرِبَ الرَّجُلُ الْمَاءَ. 'The man drank water.'

سَأَلَ الوَلَدُ أُمَّهُ. 'The boy asked his mother.'

Note that in the last example the *maf'ûl bihi* is *umm* (أُمَّـ), and so it takes the **a**-ending, and the pronoun *hû* is not part of it (umm-**a**-hû). Here are some more examples of this kind:

رَأَيْتُ بَيْتَكَ 'I saw your house.' (كَ + بَيْتَ bait-**a**-ka)

فَتَحَ الطَّالِبُ كِتَابَهُ 'The student opened his book.' (هُ + كِتَابَ kitâb-**a**-hû)

The *maf'ûl bihi* can be a pronoun, e.g.:

رَأَيْتُ بِلالاً وسَأَلْتُـهُ. 'I saw Bilâl and asked him.'

3) The *nûn* of the *tanwîn* is followed by a *kasrah* if the next word commences with *hamzat al-wasl*, e.g.:

شَرِبَ حَامِدٌ الْمَاءَ. shariba hâmid-u-n-**i**-l-mâ'a.

Here if the *kasrah* is not added it is difficult to pronounce the letter combination -nl- This is called الْتِقَاءُ السَّاكِنَيْنِ 'combination of two vowelless letters.' Whenever such a combination occurs, it is removed by inserting a *kasrah* between them. Here are some more examples:

سَأَلَ بِلالٌ ابْنَهُ. sa'ala Bilâl-u-n-**i**-bna-hu. (Bilal asked his son.)

سَمِعَ فَيْصَلٌ الأَذَانَ. sami'a faisal-u-n-**i**-l-adhân-a. (Faisal heard the adhan.)

49

4) We have learnt earlier that most Arabic verbs have only three letters which are called radicals. The first letter is called the first radical, the second is called the second radical, and the third is called the third radical.

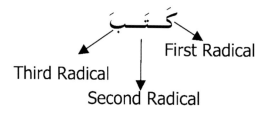

كَـتَـبَ

First Radical

Third Radical

Second Radical

Notice that in the *mâḏi,* the first and the third radicals have *fatḫah*. The second radical may have *fatḫah, kasrah* or *ḏammah*, e.g.:

ذَهَبَ، دَخَلَ، خَرَجَ؛ شَرِبَ، فَهِمَ؛ كَبُرَ،

VOCABULARY

عِنَبٌ	grapes	كَسَرَ	he broke
مَوْزٌ	ganana	سَمِعَ	he heard
تِيْنٌ	fig	فَهِمَ	he understood
فَجْرٌ	dawn	شَرِبَ	he drank
جَوَابٌ	answer	حَفِظَ	he memorized
سُؤَالٌ	question	ضَرَبَ	he beat
حَيَّةٌ	snake	دَخَلَ	he entered
بَقَّالٌ	grocer	أَكَلَ	he ate
عَصًا	stick	غَسَلَ	he washed
قَهْوَةٌ	coffee	قَتَلَ	he killed
دُكَّانٌ	shop (pl. دَكَاكِينُ)	خُبْزٌ	bread
سَبُّورَةٌ	writing board	جَيِّدًا	well

50

الدَّرْسُ السَّادِسُ

LESSON 6

الأُمُّ : مَتَى رَجَعْتَ مِنَ الْمَدْرَسَةِ يَا بُنَيَّ؟

سَعِيدٌ : رَجَعْتُ قَبْلَ نِصْفِ سَاعَةٍ.

الأُمُّ : أَيْنَ أُخْتُكَ مَرْيَمُ؟ أَمَا رَجَعَتْ؟

سَعِيدٌ : لاَ أَدْرِي. أَنَا مَا رَأَيْتُهَا.

الأُمُّ : مَاذَا قَرَأْتَ الْيَوْمَ؟

سَعِيدٌ : قَرَأْتُ الْيَوْمَ دَرْسًا جَدِيدًا فِي الفِقْهِ.

الأُمُّ : أَفَهِمْتَهُ؟

سَعِيدٌ : نَعَمْ. فَهِمْتُهُ جَيِّدًا.

الأُمُّ : أَمَا قَرَأْتَ الْقُرْآنَ الْكَرِيمَ؟

سَعِيدٌ : بَلَى. قَرَأْتُ سُورَةَ الرَّحْمَنِ وَحَفِظْتُهَا. فَفَرِحَ بِي الْمُدَرِّسُ كَثِيرًا وَقَالَ: إِنَّكَ أَحْسَنُ طَالِبٍ فِي الْفَصْلِ.

الأُمُّ : مَا شَاءَ اللهُ! زَادَكَ اللهُ عِلْمًا يَا بُنَيَّ.

سَعِيدٌ : أَغَسَلْتِ قُمْصَانِي يَا أُمِّي؟

الأُمُّ : نَعَمْ. غَسَلْتُهَا وَكَوَيْتُهَا...خُذْ هَذَا الْقَمِيصَ.

سَعِيدٌ : هَاتِي ذَاكَ يَا أُمِّي. ذَاكَ أَجْمَلُ مِنْ هَذَا.

(تَـدْخُـلُ مَــرْيَمُ)

مَرْيَمُ : السَّلاَمُ عَلَيْكُمْ. كَيْفَ حَالُكِ يَا أُمِّي؟ وَكَيْفَ حَالُكَ يَا أَخِي؟

الأُمُّ : وَعَلَيْكُمُ السَّلاَمُ. أَهْلاً يَا بِنْتِي. مَتَى خَرَجْتِ مِنَ الْمَدْرَسَةِ؟

مَرْيَمُ : خَرَجْتُ بَعْدَ صَلَاةِ الظُّهْرِ.

الأُمُّ : أَيْنَ زَمِيلَاتُكِ آمِنَةُ وَفَاطِمَةُ وَسُعَادُ؟

مَرْيَمُ : أَنَا مَا رَأَيْتُهُنَّ بَعْدَ الصَّلَاةِ.

الأُمُّ : يَا بِنْتِي. أَخُوكِ حَفِظَ سُورَةَ الرَّحْمَنِ. أَيَّ سُورَةٍ حَفِظْتِ أَنْتِ؟

مَرْيَمُ : أَنَا حَفِظْتُ سُورَةَ الْحَدِيدِ، وَهِيَ أَطْوَلُ مِنْ سُورَةِ الرَّحْمَنِ.
وَكَذَلِكَ حَفِظْتُ سِتَّ عَشْرَةَ آيَةً مِنْ سُورَةِ النَّبَأِ.

الأُمُّ : مَا شَاءَ اللهُ! إِنَّكِ طَالِبَةٌ مُجْتَهِدَةٌ. أَنَا مَسْرُورَةٌ بِكِ...أَذَهَبْتِ إِلَى
الْمَكْتَبَةِ الْيَوْمَ؟

مَرْيَمُ : نَعَمْ. ذَهَبْتُ.

الأُمُّ : مَاذَا قَرَأْتِ هُنَاكَ؟

مَرْيَمُ : قَرَأْتُ مَجَلَّةً مِنْ بَاكِسْتَانَ اسْمُهَا «الإِسْلَامُ».

الأُمُّ : أَبِاللُّغَةِ الْعَرَبِيَّةِ هِيَ؟

مَرْيَمُ : لَا، هِيَ بِاللُّغَةِ الإِنْكِلِيزِيَّةِ.

الأُمُّ : أَذَهَبْتِ إِلَى الْمُدِيرَةِ؟

مَرْيَمُ : لَا، هِيَ مَا جَاءَتِ الْيَوْمَ.

الأُمُّ : لِمَــهْ؟

مَرْيَمُ : أَظُنُّ أَنَّهَا ذَهَبَتْ إِلَى مَكَّةَ.

الأُمُّ : أَشَرِبْتِ الشَّايَ؟

مَرْيَمُ : لَا، مَا شَرِبْتُ.

الأُمُّ : (لِلْخَادِمِ) هَاتِي الشَّايَ يَا لَيْلَى.

مَرْيَمُ : وَهَاتِي قِطْعَةَ خُبْزٍ أَيْضًا يَا لَيْلَى. أَنَا جَوْعَى.

52

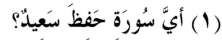

EXERCISES تَمَـــارِين

Answer the following questions: ١-أَجِبْ عَنِ الأَسْئِلَةِ الآتِيَةِ:

(١) أيَّ سُورَةٍ حَفِظَ سَعِيدٌ؟

(٢) كَمْ آيَةً مِنْ سُورَةِ النَّبَأِ حَفِظَتْ مَرْيَمُ؟

(٣) مَا اسْمُ الْمَجَلَّةِ الَّتِي قَرَأَتْهَا مَرْيَمُ فِي الْمَكْتَبَةِ؟ بِأَيِّ لُغَةٍ هِيَ؟

(٤) مَنْ لَيْلَى؟

٢- ضَعْ هَذِهِ الْعَلَامَةَ (✓) أَمَامَ الْجُمَلِ الصَّحِيحَةِ، وَهَذِهِ الْعَلَامَةَ (×) أَمَامَ الْجُمَلِ الَّتِي لَيْسَتْ صَحِيحَةً:

Mark the correct statements with this (✓) and the incorrect ones with this (×):

(١) مَا فَرِحَ الْمُدَرِّسُ بِسَعِيدٍ.

(٢) مَرْيَمُ جَوْعَى.

(٣) خَرَجَتْ مَرْيَمُ مِنَ الْمَدْرَسَةِ بَعْدَ صَلَاةِ الظُّهْرِ.

(٤) سُورَةُ الرَّحْمَنِ أَطْوَلُ مِنْ سُورَةِ الْحَدِيدِ.

(٥) آمِنَةُ وَفَاطِمَةُ وَسُعَادُ زَمِيلَاتُ مَرْيَمَ.

٣- أَجِبْ عَنِ الأَسْئِلَةِ الآتِيَةِ (هَذِهِ الأَسْئِلَةُ لَيْسَتْ مَبْنِيَّةً عَلَى الدَّرْسِ السَّادِسِ):

Answer the following questions (These questions are not based on the lesson):

(١) أَذَهَبْتَ إِلَى الْمَدْرَسَةِ الْيَوْمَ؟

(٢) مَتَى رَجَعْتَ مِنَ الْمَدْرَسَةِ؟

(٣) أيَّ سُورَةٍ قَرَأْتَ بَعْدَ صَلاَةِ الْفَجْرِ؟

(٤) أيَّ سُورَةٍ حَفِظْتَ هٰذَا الأُسْبُوعَ؟

(٥) أَبِالْمَاءِ الْبَارِدِ غَسَلْتَ وَجْهَكَ أَمْ بِالْمَاءِ الْحَارِّ؟

(٦) مَنْ غَسَلَ قَمِيصَكَ وَمِنْدِيلَكَ؟

٤-أَنِّثْ الْفَاعِلَ فِي كُلٍّ مِنَ الْجُمَلِ الآتِيَةِ وَاضْبِطْ الضَّمِيرَ بِالشَّكْلِ:

Change the فَاعِلُ in the following sentences to feminine:

(١) أَشَرِبْتَ الشَّايَ يَا حَامِدُ؟ — أَشَرِبْتِ الشَّايَ يَا سُعَادُ؟

(٢) أَكَتَبْتَ الدَّرْسَ يَا عَلِيُّ؟ — ....؟

(٣) أَغَسَلْتَ وَجْهَكَ يَا أَخِي؟ — ....؟

(٤) أيَّ سُورَةٍ حَفِظْتَ يَا بُنَيَّ؟ — ....؟

(٥) أَفَهِمْتَ الدَّرْسَ الْجَدِيدَ يَا هَاشِمُ؟ — ....؟

(٦) أَيْنَ ذَهَبْتَ بَعْدَ الدَّرْسِ يَا أَخِي؟ — ....؟

٥- اِضْبِطْ الضَّمِيرَ بِالشَّكْلِ فِي كُلٍّ مِنَ الأَفْعَالِ الْوَارِدَةِ فِي الْجُمَلِ الآتِيَةِ:

Vowelize the ت in the following sentences:

(١) أَنَا ذَهَـبْـت إِلَى الْمَطَارِ.

(٢) أَذَهَـبْـت إِلَى الْمَلْعَبِ يَا يُوسُفُ؟

(٣) أُخْتِي ذَهَـبَـت إِلَى الْمُسْتَشْفَى.

(٤) أَذَهَـبْـت إِلَى الْمَكْتَبَةِ يَا فَاطِمَةُ؟

٦–تَأَمَّلْ مَا يَلِي:

Learn the following:

ذهـــــــــــبـــــــــــت

↓ ↓ ↓ ↓

ذَهَبْتَ ذَهَبْتَ ذَهَبْتِ ذَهَبْتُ

٧– تَأَمَّلِ الْمِثَالَيْنِ الآتِيَيْنِ:

Notice the use of بَلَى and نَعَمْ:

(١) أفَهِمْتَ الدَّرْسَ يَا عَلِيُّ؟ نَعَمْ، فَهِمْتُهُ.

لاَ، مَا فَهِمْتُهُ.

(٢) أَمَا فَهِمْتَ الدَّرْسَ يَا عَلِيُّ؟ بَلَى، فَهِمْتُهُ.

نَعَمْ، مَا فَهِمْتُهُ.

٨– هَاتِ أَسْئِلَةً مُنَاسِبَةً لِلأَجْوِبَةِ الآتِيَةِ:

Make suitable questions to the following answers:

(١)..........................؟ نَعَمْ، شَرِبْتُ.

(٢)..........................؟ نَعَمْ، كَتَبْتُ.

(٣)..........................؟ بَلَى، رَأَيْتُهُ.

(٤)..........................؟ نَعَمْ، مَا قَرَأْتُ هَذَا الْكِتَابَ فِي بَلَدِي.

(٥)..........................؟ بَلَى، سَمِعْتُ الأَذَانَ.

(٦)..........................؟ لاَ، مَا سَمِعْتُ الأَذَانَ.

(٧)..........................؟ لاَ، مَا ضَرَبْتُ هَذَا الْوَلَدَ.

٩- اِقْرَأْ الْأَمْثِلَةَ ثُمَّ أَجِبْ عَنِ الْأَسْئِلَةِ الْآتِيَةِ مُسْتَعْمِلاً الضَّمَائِرَ (هُ/هُمْ/هَا/هُنَّ):

Read the examples, and answer the following questions using the suitable pronoun (هُ/هُمْ/هَا/هُنَّ):

(أ) أَرَأَيْتَ حَامِدًا؟ نَعَمْ، رَأَيْتُهُ.

(ب) أَرَأَيْتَ حَامِدًا وَهِشَاماً وَعَلِيًّا؟ نَعَمْ، رَأَيْتُهُمْ.

(ج) أَرَأَيْتَ زَيْنَبَ؟ نَعَمْ، رَأَيْتُهَا.

(د) أَرَأَيْتَ زَيْنَبَ وَآمِنَةَ وَسُعَادَ ؟ نَعَمْ، رَأَيْتُهُنَّ.

(١) أَرَأَيْتَ الطُّلَّابَ الْجُدُدَ؟ ....

(٢) أَرَأَيْتَ الْمُدِيرَةَ وَأُخْتَهَا وَبِنْتَهَا؟ ....

(٣) أَرَأَيْتَ الْمُدَرِّسَ؟ ....

(٤) أَيْنَ رَأَيْتَ أُخْتَكَ مَرْيَمَ؟ ....

(٥) أَرَأَيْتَ سَيَّارَةَ الْمُدِيرِ؟ ....

(٦) أَيْنَ رَأَيْتَ الْأَطِبَّاءَ يَا عَلِيُّ؟ ....

(٧) مَتَى رَأَيْتَ الْمُدِيرَ يَا يُونُسُ؟ ....

(٨) أَرَأَيْتَ آمِنَةَ وَخَدِيجَةَ وَبَرِيرَةَ؟ ....

١٠- اِقْرَأْ الْمِثَالَيْنِ ثُمَّ ارْبِطْ بَيْنَ كُلٍّ مِنَ الْجُمْلَتَيْنِ مُسْتَعْمِلاً (أَنَّ) وَاعْلَمْ أَنَّ (أَنَّ) مِنْ (أَخَوَاتِ إِنَّ):

Complete the following sentences using أَنَّ bearing in mind that أَنَّ is a sister of إِنَّ :

(أ) هُوَ مَرِيضٌ. أَظُنُّ أَنَّهُ مَرِيضٌ.

(ب) الْمُدَرِّسُ مَا جَاءَ. أَظُنُّ أَنَّ الْمُدَرِّسَ مَا جَاءَ.

(١) أَنْتَ طَبِيبٌ. أَظُنُّ ....

(٢) هُوَ مِنَ الْيَابَانِ. أَظُنُّ ....

(٣) هِيَ مَرِيضَةٌ. أَظُنُّ ....

(٤) هُمْ طُلاَّبٌ. أَظُنُّ ....

(٥) أَنْت جَوْعَى. أَظُنُّ ....

(٦) الْمَكْتَبَةُ مَفْتُوحَةٌ. أَظُنُّ ....

(٧) الْقَهْوَةُ بَارِدَةٌ. أَظُنُّ ....

(٨) مُحَمَّدٌ ذَهَبَ إِلَى مَكَّةَ. أَظُنُّ ....

(٩) فَاطِمَةُ فِي الْمَكْتَبَةِ. أَظُنُّ ....

(١٠) أَنْتُم مُدَرِّسُونَ. أظن ....

١١-اِقْرَأْ مَا يَلِي: Read the following:

١١ إِحْدَى عَشْرَةَ طَالِبَةً. ١٦ ستَّ عَشْرَةَ طَالِبَةً.

١٢ اثْنَتَا عَشْرَةَ طَالِبَةً. ١٧ سَبْعَ عَشْرَةَ طَالِبَةً.

١٣ ثَلاثَ عَشْرَةَ طَالِبَةً. ١٨ ثَمَانِيَ عَشْرَةَ طَالِبَةً.

١٤ أَرْبَعَ عَشْرَةَ طَالِبَةً. ١٩ تِسْعَ عَشْرَةَ طَالِبَةً.

١٥ خَمْسَ عَشْرَةَ طَالِبَةً. ٢٠ عِشْرُونَ طَالِبَةً.

١٢-اِقْرَأْ مَا يَلِي، ثُمَّ اكْتُبْهُ مَعَ كِتَابَةِ الأَرْقَامِ الْوَارِدَةِ فِيهِ بِالْحُرُوفِ:

Read the following sentences and then write them replacing the figures with words:

(١) كَمْ سِنُّكَ؟ سِنِّي ١٩ سَنَةً. ....

(٢) قَرَأْنَا ١٤ صَفْحَةً مِنْ هَذَا الْكِتَابِ. ....

(٣) فِي هَذه الْحَافلَة ١٨ رَاكِبًا و ١٥ رَاكبَةً.......................

(٤) هَذَا فُنْدُقٌ صَغِيرٌ، فِيْه ١٢ غُرْفَةً فَقَطْ. ....

(٥) عُثْمَانُ لَهُ ١١ ابْنًا و ١٢ بِنْتًا. ....

(٦) أَنَا حَفِظْتُ ١٣ سُورَةً. ....

(٧) فِي هَذَا الْمُسْتَشْفَى ١٩ طَبِيبًا و١٧ طَبِيبَةً.......................

(٨) قَرَأْنَا اليَوْمَ ١٨ كَلِمَةً جَدِيدَةً. ....

(٩) هَذَا الْقَلَمُ بِـــ ١٤ رُوبِيَّةً. ....

(١٠) فِي هَذِه الْعِمَارَة ١٦ شَقَّةً. ....

(١١) فِي هَذَا الْفَصْلِ ٢٠ طَالِبَةً. ....

١٣– اُكْتُبِ العَدَدَ مِنْ ١١ إِلَى ٢٠ وَاجْعَلْ كُلاًّ مِنَ الْكَلِمَاتِ الآتِيَةِ مَعْدُوداً لَهَا:

Count from 11 to 20 with each of the following words as مَعْدُودٌ:

كِتَابٌ – طَالِبَةٌ – دَقِيقَةٌ – يَوْمٌ – سَيَّارَةٌ – رَجُلٌ – سَنَةٌ – قَرْيَةٌ – طَالِبٌ.

١٤–اِقْرَإِ الْمِثَالَ، ثُمَّ امْلَإِ الفَرَاغَ فِيمَا يَلِي عَلَى غِرَارِه:

Fill in the blanks as shown in the examples:

حَامِدٌ جَوْعَانُ.	الطُّلَّابُ جِيَاعٌ.
مَرْيَمُ جَوْعَى.	الطَّالِبَاتُ جِيَاعٌ.
(١) خَالِدٌ عَطْشَانُ.	....
....	....

(٢) إبْرَاهِيمُ شَبْعَانُ. ....

....

(٣) الْمُدَرِّسُ غَضْبَانُ. ....

....

(٤) يُوسُفُ كَسْلاَنُ. ....كُسَالَى.

.........كَسْلَى. ....كُسَالَى.

١٥–تَأَمَّلْ مَا يَلِي: Learn the following:

لَمَ = لِمَاذَا

لِمَ خَرَجْتَ مِنَ الْفَصْلِ؟ أَخَرَجْتَ مِنَ الفَصْلِ؟

نَعَــمْ.

لِمَــــهْ؟

لِمَ ضَرَبْتَ هَذَا الْوَلَدَ؟ أَضَرَبْتَ هَذَا الْوَلَدَ؟

نَعَــمْ.

لِمَــــهْ؟

١٦–اُكْتُبِ الأَسْمَاءَ الآتِيَةَ مَجْرُورَةً وَمَنْصُوبَةً:

Write the مَنْصُوب and مَجْرُور forms of the following nouns:

المَنْصُوبُ	المَجْرُورُ	المَرْفُوعُ	المَنْصُوبُ	المَجْرُورُ	المَرْفُوعُ
سَيَّارَةً	سَيَّارَةٍ	سَيَّارَةٌ	كِتَابًا	كِتَابٍ	كِتَابٌ
....	....	سَاعَةٌ	....	....	حَامِدٌ
....	....	مِكْوَاةٌ	....	....	خَالِدٌ
....	....	سَبُّورَةٌ	....	....	بَيْتٌ
....	....	مَدْرَسَةٌ	....	....	رَجُلٌ

Learn the following:

١٧–تَأَمَّلْ مَا يَلِي:

هَاتِ يَا أَحْمَدُ. هَاتُوا يَا إِخْوَانِي.

هَاتِي يَا سُعَادُ. هَاتِينَ يَا أَخَوَاتُ.

١٨– اُكْتُبْ الآيَاتِ الْخَمْسَ الأُولَى مِنْ سُورَةِ الرَّحْمَنِ، وَسُورَةِ الْحَدِيدِ، وَسُورَةِ النَّبَأ.

Write the first five âyahs of surat al-Rahmân, al-Hadîd, and al-Naba':

New words:

الكَلِمَاتُ الْجَدِيدَةُ:

مَجَلَّةٌ (ج مَجَلاَّتٌ) رَاكِبٌ (ج رُكَّابٌ) شِقَّةٌ (ج شِقَقٌ)

عِمَارَةٌ (ج عَمَائِرُ) سِنٌّ (ج أَسْنَانٌ) كَلِمَةٌ (ج كَلِمَاتٌ)

سُورَةٌ (ج سُوَرٌ) جَـــــاءَ كَـــــوَى

خَادِمٌ (لِلْمُذَكَّرِ وَالْمُؤَنَّثِ)

POINTS TO REMEMBER

In this lesson, we learn the following:

1) ذَهَبْتِ 'you went' (feminine singular) (dhahab-**ti**).

2) The numbers 11 to 20 with the feminine *ma'dûd*: We have already learnt these numbers with the masculine *mâ'dûd* in Lesson 3. Rules pertaining to these numbers with the feminine *ma'dûd* have also been mentioned there.

To summarize:

(a) 11 and 12: both parts of the number agree with the *ma'dûd*, e.g.:

أَحَدَ عَشَرَ طالبًا　　　إِحْدَى عَشْرَةَ طالبةً

اثْنَا عَشَرَ طالبًا　　　اثْنَتَا عَشْرَةَ طالبةً

Note that the letter ش has *fat<u>h</u>ah* in عَشَرَ, and *sukûn* in عَشْرَةَ.

(b) 13 to 19: in these numbers, the second part agrees with the *ma'dûd*, and the first part does not, e.g.:

ثلاثةَ عَشَرَ طالبًا　　　ثلاثَ عَشْرَةَ طالبةً

ثمانيةَ عَشَرَ طالبًا　　　ثَمَانيَ عَشْرَةَ طالبةً

3) أيُّ 'which?': We have learnt this word in Book 1. It is always *mu<u>d</u>âf* and the noun following it is *majrûr* because it is *mu<u>d</u>âf ilaihi*, e.g.:

أيُّ طالبٍ خرَجَ؟ 'Which student went out?'

أيَّ كتابٍ قرأتَ؟ 'Which book did you read?'

بأيِّ قلمٍ كتَبْتَ؟ 'Which pen did you write with?'

Note that the word أيّ is *marfû* in the first sentence because it is *mubtada'*, and it is *man<u>s</u>ûb* in the second because it is *maf'ûl bihi*, and *majrûr* in the third because it is preceded by the preposition بِـ.

4) أَظُـــنُّ 'I think': أَظُـــنُّ أَنَّهـــا ذَهَبَتْ إلى مَكَّةَ 'I think that she went to Makkah.' أَنَّ is a sister of إِنَّ, and so its *ism* is *manṣûb* and its *khabar* is *marfû'*, e.g.:

أَظُنُّ أَنَّ حامدًا مريضٌ. 'I think that Hâmid is sick.'

أَظُنُّ أَنَّ الإمامَ جَديْدٌ. 'I think that the imam is new.'

أَظُنُّ أَنَّ فاطمَةَ غائبَةٌ. 'I think that Fâtimah is absent.'

أَظُنُّ أَنَّكَ مُتْعَبٌ. 'I think that you are tired.'

5) قال: إِنَّكَ أَحْسَنُ طالبٍ في الفَصْلِ 'He said: "you are the best student in the class."' Note that after قال, the particle إِنَّ is used, and not أَنَّ.

6) لِمَ 'why?': If it stands alone a "ه" is added to it: لِمَهْ؟. This is called هَاءُ السَّكْتِ.

7) We have learnt in Book II some examples of adjectives ending in '-*ân*', e.g.:

جَوْعَانُ، عَطْشَانُ، غَضْبَانُ

The feminine of such adjectives is on the pattern of فَعْــلَى, And the plural of both the masculine and the feminine is on the pattern of فِعَالٌ, e.g.:

بِلالٌ جَوْعَانُ. الرِّجَالُ جِيَاعٌ.

آمِنَةُ جَوْعَى. النِّساءُ جِيَاعٌ.

Note that the plural of كَسْلاَنُ and كَسْلَى is كُسَالَى.

8) هَــاتِ 'give!', 'bring!': Note its *isnâd* to the other pronouns of the second person:

يا أَحْمَدُ هَاتِ. يا إِخْوانُ هَاتُوا.

يا زَيْنَبُ هَاتِي. يا أَخَوَاتُ هَاتِينَ.

9) خُــذْ 'take!': You will learn the imperative form of the verb in Book IV.

10) فَفَــرِحَ بِيَ الْمُدَرِّسُ كَثِيرًا 'So the teacher was greatly pleased with me.' Here فَ means 'so,' and بِي means 'with me'.

Note:

فَرِحْتُ بِكَ. 'I was pleased with you.'

فَرِحُوا بِنَا. 'They were pleased with us.'

أَفَرِحْتَ بِهِ؟ 'Were you pleased with him?'

11) Note that ذهبت can be read in four ways with four meanings:

(a) ذَهَبَتْ 'she went.'   (dhahab-**at**)

(b) ذَهَبْتَ 'you (masc. sing.) went'.   (dhahab-**ta**)

(c) ذَهَبْتِ 'you (fem. sing.) went'.   (dhahab-**ti**)

(d) ذَهَبْتُ 'I went'.   (dhahab-**tu**)

VOCABULARY

مَجَلَّةٌ	magazine	كَوَى	he ironed
عِمَارَةٌ	building	فَهِمْتُهُ جَيِّدًا	I have understood it well.
سُوْرَةٌ	sûrah	زَادَكَ اللهُ عِلْمًا	May Allâh increase your knowledge!
شَقَّةٌ	flat	جَاءَ	he came
سِنٌّ	tooth	رَاكِبٌ	passenger in a bus, train, plane etc.
يَا بُنَيَّ	'O my little son!'	فَرِحَ	he was pleased
مَسْرُورٌ	pleased, happy	خَادِمٌ	servant (both male and female)
فَقَطْ	only	مَا شَاءَ اللهُ	Literally, 'what Allâh wills': an expression of surprise and appreciation.

الدَّرْسُ السَّابِعُ

LESSON 7

الأَبُ : أَيْنَ ذَهَبْتُمْ بَعْدَ الدَّرْسِ يا أَبْنائِي؟

الأَبْناءُ : ذَهَبْنا إِلَى الْمَلْعَبِ.

الأَبُ : أَكُرَةَ القَدَمِ لَعِبْتُمْ أَمْ كُرَةَ السَّلَّةِ؟

الأَبْناءُ : لَعِبْنا اليَوْمَ كُرَةَ القَدَمِ. لَعِبْنا كُرَةَ السَّلَّةِ فِي الأُسْبُوعِ الْمَاضِي.

الأَبُ : أَمَا ذَهَبْتُمْ إِلَى الْمَكْتَبَةِ الْيَوْمَ؟

الأَبْناءُ : بَلَى، ذَهَبْنا.

الأَبُ : مَاذَا قَرَأْتُمْ هُناكَ؟

الأَبْناءُ : قَرَأْنا الصُحُفَ.

الأَبُ : أَسَمِعْتُمْ الأَخْبارَ مِنَ الإِذَاعَةِ الْيَوْمَ؟

الأَبْناءُ : نَعَمْ، سَمِعْنَاهَا.

الأَبُ : مِنْ أَيِّ إِذَاعَةٍ سَمِعْتُمْ؟

الأَبْناءُ : سَمِعْنَا مِنْ ثَلاثِ إِذَاعَاتٍ : مِنْ إِذَاعَةِ الرِّيَاضِ وَإِذَاعَةِ الْقَاهِرَةِ وَإِذَاعَةِ لَنْدَنَ.

الأَبُ : سَمِعْتُ أَنَّ الْمُدِيرَ مَرِيضٌ وَأَنَّهُ فِي الْمُسْتَشْفَى. أَصَحِيحٌ هَذَا؟

الأَبْناءُ : نَعَمْ، هَذَا صَحِيحٌ. شَفَاهُ اللهُ.

الأَبُ : آمِين. مَتَى دَخَلَ الْمُسْتَشْفَى؟

الأَبْناءُ : دَخَلَ قَبْلَ ثَلاثَةِ أَيَّامٍ.

الأَبُ : أَيْنَ الكِتَابُ ذُو الْغِلافِ الأَحْمَرِ الَّذي كَانَ فِي غُرْفَتي؟ أَرَأَيْتُمُوهُ؟

يُوسُفُ: أَنَا أَخَذْتُهُ الْبَارِحَةَ وَقَرَأْتُ نِصْفَهُ.

الأَبُ : وَأَيْنَ الْمَجَلَّةُ الَّتِي كَانَتْ تَحْتَ ذَلِكَ الْكِتَابِ؟

بِلالٌ : أَهَذِهِ هِيَ؟

الأَبُ : لا، الْمَجَلَّةُ ذَاتُ الغِلافِ الأَصْفَرِ.

مَرْوَانُ: هِيَ عِنْدِي. أَخَذْتُها اليَوْمَ.

(يَرِنُّ الْجَرَسُ فَيَقُومُ مَرْوَانُ وَيَفْتَحُ الْبَابَ وَتَدْخُلُ أَخَوَاتُهُ)

اَلْبَنَاتُ: السَّلامُ عَلَيْكُمْ وَرَحْمَةُ اللهِ وَبَرَكَاتُهُ.

اَلْجَمِيعُ: وَعَلَيْكُمُ السَّلامُ وَرَحْمَةُ اللهِ وَبَرَكَاتُهُ.

الأَبُ : أَيْنَ ذَهَبْتُنَّ يَا بَنَاتِي؟

البَنَاتُ: ذَهَبْنَا لِزِيَارَةِ الْمُدِيرَةِ .

الأَبُ : أَمَشَيْتُنَّ أَمْ ذَهَبْتُنَّ بِالسَّيَّارَةِ؟

البَنَاتُ: مَشَيْنَا لأَنَّ بَيْتَهَا قَرِيبٌ مِنْ مَدْرَسَتِنَا. هُوَ بَيْنَ الْمَسْجِدِ وَالْمَدْرَسَةِ.

الأَبُ: أَوَجَدْتُنَّهَا فِي الْبَيْتِ؟

الْبَنَاتُ: نَعَمْ. وَجَدْنَاهَا. جَلَسْنَا عِنْدَهَا ثُلُثَ سَاعَةٍ وَخَرَجْنَا مِنْ بَيْتِهَا فِي السَّاعَةِ الْخَامِسَةِ.

الأُمُّ : أَرَأَيْتُنَّ الْمِكْنَسَةَ يَا بَنَاتُ؟ بَحَثْتُ عَنْهَا كَثِيراً وَمَا وَجَدْتُهَا.

سُعَادُ : أَنَا وَضَعْتُهَا تَحْتَ السُّلَّمِ هَذَا الصَّبَاحَ.

مَرْوَانُ: يَا أُمِّي، أَفِي الثَّلاَّجَةِ مَاءٌ بَارِدٌ؟ نَحْنُ عِطَاشٌ.

الأُمُّ : أَبْشِرْ. فِيهَا مَاءٌ بَارِدٌ، وَعَصِيرُ بُرْتُقَالٍ.

EXERCISES تَمَـــــارِين

١-أَجِبْ عَنِ الأَسْئِلَةِ الآتِيَةِ: Answer the following questions:

(١) أَيْنَ ذَهَبَ الأَبْنَاءُ بَعْدَ الدَّرسِ؟ (٢) مَاذَا قَرَأُوا فِي الْمَكْتَبَةِ؟

(٣) مِنْ أَيِّ إِذَاعَةٍ سَمِعُوا الأَخْبَارَ؟ (٤) مَنِ الَّذِي أَخَذَ الْكِتَابَ؟

(٥) مَنِ الَّذِي أَخَذَ الْمَجَلَّةَ؟ (٦) أَيْنَ ذَهَبَتْ البَنَاتُ؟

(٧) كَمْ دَقِيقَةً جَلَسْنَ عِنْدَ الْمُدِيرَةِ؟ (٨) أَيْنَ بَيْتُ الْمُدِيرَةِ؟

(٩) أَيْنَ وَضَعَتْ سُعَادُ الْمِكْنَسَةَ؟

٢- ضَعْ هَذِهِ الْعَلامَةَ (✓) أَمَامَ الْجُمَلِ الصَّحِيحَةِ، وَهَذِهِ الْعَلامَةَ (×) أَمَامَ الْجُمَلِ الَّتِي لَيْسَتْ صَحِيحَةً:

Mark the correct statements with this (✓) and the incorrect ones with this (×):

(١) لَعِبَ الأَبْنَاءُ كُرَةَ الْقَدَمِ فِي الأُسْبُوعِ الْمَاضِي.

(٢) دَخل الْمُدِيرُ الْمُسْتَشْفَى قَبْلَ ثَلاثَةِ أَيَّامٍ.

(٣) سَمِعَ الأَبْنَاءُ الأَخْبَارَ مِنْ إِذَاعَةِ القَاهِرَةِ وإِذَاعَةِ الرِّيَاضِ وإِذَاعَةِ لَنْدَنَ.

(٤) الكِتَابُ غِلافُهُ أَصْفَرُ.

(٥) بَيْتُ الْمُدِيرَةِ بَيْنَ الْمَسْجِدِ وَالْمَدْرَسَةِ.

(٦) الأُمُّ وَجَدَتْ الْمِكْنَسَةَ.

٣- أَجِبْ عَنِ الأَسْئِلَةِ الآتِيَةِ (هَذِهِ الأَسْئِلَةُ لَيْسَتْ مَبْنِيَّةً عَلَى الدَّرْسِ السَّابِعِ):

Answer the following questions (These questions are not based on the lesson):

(١) مَتَى خَرَجْتُمْ مِنَ الْفَصْلِ؟

(٢) أَيْنَ ذَهَبْتُمْ بَعْدَ الدَّرْسِ؟

(٣) مِنْ أَيِّ إِذَاعَةٍ سَمِعْتُمُ الأَخْبَارَ؟

(٤) أَكُرَةَ الْقَدَمِ لَعِبْتُمْ أَمْ كُرَةَ السَّلَّةِ؟

٤- أَنِّثِ الفَاعِلَ فِي كُلٍّ مِنَ الجُمَلِ الآتِيَةِ:

Rewrite the following sentences using feminine فَاعِلٌ:

(١) أَشَرِبْتُمُ الْقَهْوَةَ يَا إِخْوَانُ؟   أَشَرِبْتُنَّ الْقَهْوَةَ يَا أَخَوَاتُ؟

(٢) أَقَرَأْتُمْ هَذِهِ الْمَجَلَّةَ يَا رِجَالُ؟ ....؟

(٣) أَفَهِمْتُمُ الدَّرْسَ الْجَدِيدَ يَا أَبْنَائِي؟ ....؟

(٤) مَتَى خَرَجْتُمْ مِنَ الْمَدْرَسَةِ يَا أَوْلَادُ؟ ....؟

(٥) أَسَمِعْتُمُ الأَذَانَ يَا إِخْوَانُ؟ ....؟

(٦) أَرَأَيْتُمُ الْمُدَرِّسَ يَا إِخْوَانُ؟ ....؟

67

٥- أَمَامَ كُلِّ جُمْلَةٍ فِيمَا يَلِي صِيغَتَانِ لِلْفِعْلِ. اخْتَرِ الصِّيغَةَ الصَّحِيحَةَ وَأَكْمِلْ بِهَا الْجُمْلَةَ:

Fill in the blank in each of the following sentences with the correct form of the verb:

(١) أَ........ الْقُرْآنَ الْيَوْمَ يَا أَبْنَائِي؟ (قَرَأْتُمْ / قَرَأْتُنَّ)

(٢) مَتَى ....مِنْ مَكَّةَ يَا إِخْوَانِي؟ (رَجَعْتُمْ / رَجَعْتُنَّ)

(٣) أَ........ وُجُوهَكُنَّ بِالصَّابُونِ؟ (غَسَلْتُمْ / غَسَلْتُنَّ)

(٤) مِنْ أَيِّ إِذَاعَةٍ ......الأَخْبَارَ يَا بَنَاتِي؟ (سَمِعْتُمْ / سَمِعْتُنَّ)

(٥) مِنْ أَيِّ بَابٍ ......الْمَسْجِدَ يَا إِخْوَانِي؟ (دَخَلْتُمْ / دَخَلْتُنَّ)

(٦) لِــمَ ....النَّوَافِذَ يَا بَنَاتِي؟ (فَتَحْتُمْ / فَتَحْتُنَّ)

٦-تَأَمَّلِ الأَمْثِلَةَ، ثُمَّ أَدْخِلْ (كَانَ) عَلَى الْجُمَلِ الآتِيَةِ:

Rewrite the following sentences by using كَانَ **as shown in the examples:**

(أ) الْمُدَرِّسُ فِي الْفَصْلِ.   كَانَ الْمُدَرِّسُ فِي الْفَصْلِ قَبْلَ خَمْسِ دَقَائِقَ.

(ب) الطُّلَّابُ فِي الْمَلْعَبِ.   كَانَ الطُّلَّابُ فِي الْمَلْعَبِ قَبْلَ نِصْفِ سَاعَةٍ.

(ج) أُمِّي فِي الْمَطْبَخِ.   كَانَتْ أُمِّي فِي الْمَطْبَخِ قَبْلَ قَلِيلٍ.

(١) الْمُدِيرُ فِي غُرْفَتِه.   ....قَبْلَ سَاعَةٍ.

(٢) الْوَزِيرُ فِي لَنْدَنَ.   ....قَبْلَ أُسْبُوعٍ.

(٣) أَخِي فِي مَكَّةَ.   ....قَبْلَ أَرْبَعَةِ أَيَّامٍ.

(٤) الأَطِبَّاءُ فِي الْمُسْتَشْفَى .   ...قَبْلَ ثُلُثِ سَاعَةٍ.

(٥) الطَّالِبَاتُ فِي الْمَكْتَبَةِ.   ....قَبْلَ قَلِيلٍ.

٧- تَـأَمَّلْ الأَمْثِـلَةَ، ثُـمَّ اقْرَأْ الْجُمَلَ الآتِيَةَ مَعَ ضَبْطِ الْمِيمِ وَالْحُرُوفِ السَّاكِنَةِ الأُخْرَى:

Read the examples, and then read the sentences that follow paying special attention to the *sakin* letters followed by اَلْـ:

(أ) أَقَرَأْتُمْ هَذَا الْكِتَابَ؟ أَقَرَأْتُمْ الْقُرْآنَ؟ ← أَقَرَأْتُمُ الْقُرْآنَ؟

(ب) أَرَأَيْتُمْ حَامِدًا؟ أَرَأَيْتُمْ الْمُدَرِّسَ؟ ← أَرَأَيْتُمُ الْمُدَرِّسَ؟

(ج) أَلَكُمْ هَذَا الْبَيْتُ؟ أَلَكُمْ الْبَيْتُ؟ ← أَلَكُمُ الْبَيْتُ؟

(د) خَرَجَتْ آمِنَةُ. خَرَجَتْ الْبِنْتُ ← خَرَجَتِ الْبِنْتُ.

(هـ) مَنْ هَذَا الْوَلَدُ؟ مَنْ الْوَلَدُ؟ ← مَنِ الْوَلَدُ؟

(١) مْ + الْـ = ... مُ + الْـ

(٢) ـْـ + الْـ = ـِـ + الْـ

(١) أَكَلْتُم الْمَوْزَ.

(٢) جَلَسْتُم فِي الفَصْلِ.

(٣) دَخَلْتُم الْمَسْجِدَ.

(٤) فَهِمْتُم الدَّرْسَ.

(٥) فَهِمْتُم دَرْسَ الْفِقْهِ.

(٦) سَمِعْتُم الأَذَانَ.

(٧) مَاذَا أَكَلْتُم؟

(٨) أَلَكُم هَذِه السَّيَّارَةُ؟

(٩) أَلَكُم الكُتُبُ؟

(١٠) مَن هَذَا الرَّجُلُ؟

(١١) مَن الْفَتَى؟

(١٢) كَتَبَت الطَّالِبَةُ الدَّرْسَ؟

(١٣) أَيْنَ الْمُدِيرَةُ؟ خَرَجَت الآنَ.

٨- تَأَمَّلْ ما يَلِي:

Read and remember:

ضَرَبَ + هُـ = ضَرَبَهُ.

ضَرَبَتْ + هُـ = ضَرَبَتْهُ.

ضَرَبْتَ + هُـ = ضَرَبْتَهُ.

ضَرَبْتِ + هُـ = ضَرَبْتِهِ.

ضَرَبْتُ + هُـ = ضَرَبْتُهُ.

ضَرَبْتُمْ + هُـ = ضَرَبْتُمُ + و + هُـ = ضَرَبْتُمُوهُ.

(١) أَيْنَ الطَّالِبُ الْجَدِيدُ؟ أَرَأَيْتُمُوهُ؟   (٢) أَيْنَ الْحَيَّةُ؟ أَقَتَلْتُمُوهَا؟

(٣) هَذَا دَرْسٌ سَهْلٌ. أَفَهِمْتُمُوهُ؟   (٤) أَيْنَ الْمُدَرِّسُونَ؟ أَرَأَيْتُمُوهُمْ؟

٩-اِقْرَأِ الْجُمَلَ الآتِيَةَ مَعَ الضَّمَائِرِ الْمَذْكُورَةِ أَمَامَهَا:

Read each of the following sentences after adding the pronoun mentioned in front of it and making necessary changes:

(١) رَأَيْتُمْ + هُمْ = ... (٢) فَهِمْتُمْ + هَا = ...

(٣) غَسَلْتِ + هُـ = ... (٤) وَجَدْتُ + هُـ = ...

(٥) قَتَلْتُمْ + هَا = ... (٦) سَمِعْتُمْ + هُـ = ...

١٠-اِقْرَأِ الْأَمْثِلَةَ ثُمَّ أَكْمِلْ كُلًّا مِنَ الْجُمَلِ الآتِيَةِ مُسْتَعْمِلاً (ذُو) :

Read the examples and then fill in the blanks with ذُو:

(أ) أَيْنَ الْكِتَابُ ذُو الْغِلَافِ الْأَحْمَرِ؟

(ب) لِمَنْ ذَاكَ الْبَيْتُ ذُو الْبَابِ الْأَخْضَرِ؟

(ج) مَنْ ذَلِكَ الْفَتَى ذُو النَّظَّارَةِ؟

(د) ذَلِكَ الرَّجُلُ ذُو اللِّحْيَةِ الطَّوِيلَةِ طَبِيبٌ مَشْهُورٌ مِنْ بَاكِسْتَانَ.

(١) مَنْ ذَلِكَ الْوَلَدُ؟ ....الْقَمِيصِ الْأَحْمَرِ؟

(٢) ذَلِكَ الْفَتَى ....الشَّعْرِ الطَّوِيلِ طَالِبٌ مِنْ إِيرَانَ.

(٣) لِمَنْ هَذَا الدَّفْتَرُ.........الْغِلَافِ الْجَمِيلِ؟

(٤) ذَلِكَ الرَّجُلُ ....النَّظَّارَةِ مُدِيرُنَا.

(٥) مَنْ ذَلِكَ الرَّجُلُ ....اللِّحْيَةِ الْقَصِيرَةِ؟ هُوَ مُؤَذِّنُ مَسْجِدِنَا.

١١- اِقْرَأْ الأَمْثِلَةَ الآتِيَةَ لِـ (ذَات):

Learn the use of ذَاتُ:

(١) أَيْنَ الْمَجَلَّةُ ذَاتُ الصُّوَرِ الْمُلَوَّنَةِ؟

(٢) هَذِهِ الدَّرَّاجَةُ ذَاتُ العَجَلِ الثَّلاثِ لابْنِي الصَّغِيرِ.

(٣) تِلْكَ العِمَارَةُ ذَاتُ النَّوَافِذِ الكَبِيرَةِ مَصْرِفٌ.

(٤) تِلْكَ الْمَسَاجِدُ ذَاتُ الْمَنَائِرِ العَالِيَةِ جَمِيلَةٌ جِدًّا.

١٢- اِقْرَأْ الأَمْثِلَةَ، ثُمَّ كَوِّنْ جُمَلاً مِثْلَهَا مُسْتَعْمِلاً الْكَلِمَاتِ الَّتِي بَيْنَ الْقَوْسَيْنِ:

Read the examples and then make sentences with the help of the words given in the brackets:

(أ) أَكُرَةَ الْقَدَمِ لَعِبْتُمْ أَمْ كُرَةَ السَّلَّةِ؟

(ب) أَمُحَمَّدًا رَأَيْتَ أَمْ حَامِدًا؟

(ج) أَكِتَابَ الْفِقْهِ أَخَذْتَ أَمْ كِتَابَ السِّيرَةِ؟

(١) .... (ضَرَبْتَ / عَبَّاسٌ / مَحْمُودٌ).

(٢) .... (شَرِبْتَ / عَصِيرُ البُرْتُقَالِ / عَصِيرُ العنب

(٣) .... (رَأَيْتُمْ / سَيَّارَةُ الْمُدِيرِ / سَيَّارَةُ الْمُدرِّ

(٤) .... (قَرَأْتُنَّ / هَذِهِ الْمَجَلَّةُ / تِلْكَ).

(٥) .... (أَخَذْتَ / مِفْتَاحُ الْبَيْتِ / مِفْتَاحُ السَّيَّارَةِ).

١٣- تَعَلَّمْ الْكَلِمَاتِ الآتِيَةَ:

Learn the following words:

نِصْفٌ ١/٢	ثُلُثٌ ١/٣	رُبْعٌ ١/٤
خُمْسٌ ١/٥	سُدُسٌ ١/٦	سُبْعٌ ١/٧
ثُمْـــنٌ ١/٨	تُسْعٌ ١/٩	عُشْرٌ ١/١٠

١٤-كَوِّنْ جُمَلاً مُسْتَعْمِلاً الكَلِمَاتِ الآتِيَةَ:

Use these words in sentences:

دَخَلَ – بَحَثَ عَنْ – الأُسْبُوعُ الْمَاضِي – الْبَارِحَةَ – زِيَارَةٌ – ذُو – نِصْفٌ.

New words:		الكَلِمَاتُ الْجَدِيدَةُ:
مَنَارَةٌ (ج مَنَائِرُ)	سُلَّمٌ (ج سَلالِمُ)	مِكْنَسَةٌ (ج مَكَانِسُ)
لِحْيَةٌ (ج لِحًى، لُحًى)	عَجَلَةٌ (ج عَجَلٌ)	نَظَّارَةٌ (ج نَظَّارَاتٌ)
عَالٍ (الْمُؤَنَّثُ: عَالِيَةٌ)	إِذَاعَةٌ (ج إِذَاعَاتٌ)	صُورَةٌ (ج صُوَرٌ)
مُلَوَّنٌ	الْبَارِحَة	صَابُونٌ
صَبَاحٌ	بُرْتُقَالٌ	عَصِيرٌ
نِصْفٌ	كُرَةُ السَّلَّة	كُرَةُ القَدَمِ
وَضَعَ	أَخَذَ	مَشَى
	بَحَثَ عَنْ	وَجَدَ

POINTS TO REMEMBER

In this lesson, we learn the following:

1) ذَهَبْتُمْ dhahab-**tum** 'you (masc. pl.) went'. أَكَلْتُمْ 'you ate':

مَاذَا أَكَلْتُمْ يا إِخْوَانُ؟ 'What did you eat, brothers?'

2) ذَهَبْتُنَّ dhahab-**tunna** 'you (fem. pl.) went'. قَرَأْتُنَّ 'you read':

أَقَرَأْتُنَّ هذِهِ الْمَجَلَّةَ يا أَخَوَاتُ؟ 'Did you read this magazine, sisters?'

3) ذَهَبْنَا dhahab-**nâ** 'we went'. سَمِعْنَا 'we heard':

ما سَمِعْنَا الأَذَانَ 'We did not hear the adhân.'

4) رَأَيْتُمُوهُ 'You saw him'. We say:

رَأَيْتُهُ ra'ai**tu**-hû 'I saw him.'

رَأَيْتَهُ ra'ai**ta**-hû 'You saw him'

رَأَيْتِهِ ra'ai**ti**-hî 'you (fem. sing.) saw him'

Note that in the last example the pronoun هُ (hû)[1] has changed here to هِ (hî). This change is for vocalic harmony. The combination *'ti-hî'* sounds better than *'ti-hû'*. Here are some more examples of this kind of change:

بَيْتُهُ baitu-**hû**, but فِي بَيْتِهِ baiti-**hî** (for *fî bait-i-hû*)

مِنْهُ min-**hu**, but فِيهِ fî-**hi**

As you have seen in these examples, the object pronouns are directly added to the verb. But in the case of the verb with the pronoun of the second person masculine plural like رَأَيْتُمْ, a wâw has to be added between the verb and the pronoun, e.g.:

---

[1] The *dammah* of هُ is long if it is preceded by a short vowel, e.g. لَهُ la-hû, رَأَيْتُهُ ra'aitu-hû. And it is short when it is preceded by a consonant or a long vowel, e.g.:

مِنْهُ min-hu, كَتَبُوهُ katabû-hu. This rule applies also to ـهِ hi, e.g. بِهِ bi-hî, but فِيهِ fî-hi.

73

رَأَيْتُمُوهُ 'You saw him' (ra'aitum-**û**-hu).

رَأَيْتُمُوهُمْ 'You saw them.'

رَأَيْتُمُوهَا 'You saw her.'

رَأَيْتُمُوهُنَّ 'You saw them.'

Here are some more examples:

غَسَلْتُمْ + هُ → غَسَلْتُمُوهُ. 'You washed it.'

قَتَلْتُمْ + هُمْ → قَتَلْتُمُوهُم□ 'You killed them.'

سَأَلْتُمْ + هَا → سَأَلْتُمُوهَا. 'You asked her.'

5) كَانَ 'he was': It is used in a nominal sentence, e.g.:

بِلَالٌ فِي الفَصْلِ. 'Bilâl **is** in the class.'

كَانَ بِلَالٌ فِي الفَصْلِ. 'Bilâl **was** in the class.'

اَلْمُدَرِّسُ فِي الْمَكْتَبَةِ. 'The teacher **is** in the library.'

كَانَ الْمُدَرِّسُ فِي الْمَكْتَبَةِ. 'The teacher **was** in the library.'

اَلْقَلَمُ تَحْتَ الْكِتَابِ. 'The pen **is** under the book.'

كَانَ الْقَلَمُ تَحْتَ الْكِتَابِ. 'The pen **was** under the book.'

زَيْنَبُ فِي الْمَطْبَخِ. 'Zainab **is** in the kitchen.'

كَانَتْ زَيْنَبُ فِي الْمَطْبَخِ. 'Zainab **was** in the kitchen.'

You will notice here that the *khabar* in each of these examples is a clause: فِي الْمَكْتَبَةِ، فِي الْمَطْبَخِ، تَحْتَ الْكِتَابِ. No change takes place in a clause after the introduction of كَانَ. But if the *khabar* is a noun, it is rendered *mansûb* after the introduction of كَانَ, e.g.:

بِلَالٌ مَرِيضٌ. → كَانَ بِلَالٌ مَرِيضاً. 'Bilâl was sick.'

We will learn this later.

6) Note the following:

رَجُلٌ ذُو لِحْيَةٍ 'a bearded man'

الرَّجُلُ ذُو اللِّحْيَةِ 'the bearded man'

In the first example, ذُو qualifies an indefinite noun, and in the second example, a definite noun الرَّجُلُ. We know that the adjective of a definite noun should also be definite. But ذُو is *muḏâf* and cannot take ال. So this is overcome by making the *muḏâf ilaihi* definite by adding ال. So in رَجُلٌ ذُو لِحْيَةٍ the *mudâf ilaihi* remains indefinite and in الرَّجُلُ ذُو اللِّحْيَةِ it becomes definite (اللِّحْيَةِ). Here are some more examples:

عِنْدِي كِتَابٌ ذُو غِلَافٍ جَمِيلٍ. 'I have a book with a beautiful cover.'

الْكِتَابُ ذُو الغِلَافِ الْجَمِيلِ غَالٍ. 'The book with the beautiful cover is expensive.'

فِي قَرْيَتِنَا مَسْجِدٌ ذُو مَنَارَةٍ وَاحِدَةٍ. 'In our village there is a mosque with one minaret.'

الْمَسْجِدُ ذُو الْمَنَارَةِ الوَاحِدَةِ قَدِيمٌ. 'The mosque with one minaret is old.'

7) The letter *mîm* in أَنْتُمْ، كِتَابُكُمْ، هُمْ، كِتَابُهُمْ، ذَهَبْتُمْ has *sukûn*. And this *sukûn* changes to *ḏammah* when followed by *hamzat al-waṣl,* e.g.:

بَيْتُكُمْ → بَيْتُكُمُ الجَدِيدُ (bait-u-kum-**u**-l-jadîd-u)

رَأَيْتُمْ → أَرَأَيْتُمُ الإِمَامَ؟ (a ra'aitum-**u**-l-imâm-a)

كِتَابُهُمْ → كِتَابُهُمُ الْقَدِيمُ (kitâb-u-hum-**u**-lqadîm-u)

سَأَلْتُمْ → أَسَأَلْتُمُ ابْنَهُ؟ (a sa'altum-**u**-bna-hû)

8) أَبْشِرْ: it literally means 'rejoice at the good news'. It is used in reply to a request and implies 'Don't worry. You will get what you want.'

9) ثُلُثٌ 'one-third': Fractions like 'one third,' 'one fourth,' 'one fifth,' etc. up to one tenth are on the pattern of فُعْلٌ. The *dammah* of the second letter ع is mostly omitted. ثُلُثٌ and سُدُسٌ, however, retain it.

VOCABULARY

مِكْنَسَةٌ	broom	الأُسْبُوعُ المَاضِي	last week
نَظَّارَةٌ	spectacles	مَنَارَةٌ	minaret
صُورَةٌ	picture	لِحْيَةٌ	beard
صَابُونٌ	soap	عَالٍ	high, loud (fem. عَالِيَةٌ)
عَصِيرٌ	juice	مُلَوَّنٌ	coloured
كُرَةُ القَدَمِ	football	صَبَاحٌ	morning
سُلَّمٌ	staircase	نِصْفٌ	half
عَجَلَةٌ	wheel	مَشَى	he walked
إِذَاعَةٌ	broadcasting, radio	أَخَذَ	he took
البَارِحَةَ	last night	وَضَعَ	he placed
بُرْتُقَالٌ	orange	وَجَدَ	he found
كُرَةُ السَّلَّةِ	basketball	بَحَثَ عَنْ	he looked for

الدَّرْسُ الثَّامِنُ

LESSON 8

			الْمُفْـــرَد	الْجَمْــــــع
الْغَائِبُ	الْمُذَكَّرُ		حَامِدٌ ذَهَبَ.	حَامِدٌ وهَاشِمٌ وعَلِيٌّ ذَهَبُوا.
	الْمُؤَنَّثُ		آمِنَةُ ذَهَبَتْ.	آمِنَةُ وزَيْنَبُ ومَرْيَمُ ذَهَبْنَ.
الْمُخَاطَبُ	الْمُذَكَّرُ		أَنْتَ ذَهَبْتَ.	أَنْتُمْ ذَهَبْتُمْ.
	الْمُؤَنَّثُ		أَنْتِ ذَهَبْتِ.	أَنْتُنَّ ذَهَبْـتُنَّ.
الْمُتَكَلِّمُ	الْمُذَكَّرُ والْمُؤَنَّثُ		أَنَا ذَهَبْتُ.	نَحْنُ ذَهَبْنَا.

تَمَـــارِين EXERCISES

١- أَكْمِلْ الْجُمَلَ الآتِيَةَ بِوَضْعِ الْفِعْلِ (ذَهَبَ) فِي الْفَرَاغِ بَعْدَ إِسْنَادِهِ إِلَى الضَّمِيرِ الْمُنَاسِبِ:

Fill in the blanks with the proper forms of ذَهَبَ :

(١) أَيْنَ الطُّلاَّبُ الْجُدُدُ؟ ....إِلَى الْمُدِيرِ.

(٢) نَحْنُ.........إِلَى الْمَلْعَبِ.

(٣) أَيْنَ ....بَعْدَ الدَّرْسِ يَا إِخْوَانِي؟

(٤) أَ.........إِلَى السُّوقِ الْيَوْمَ يَا أَبِي؟

(٥) أَنَا مَا ....إِلَى الْمَكْتَبَةِ الْيَوْمَ.

(٦) أُمِّي ....إِلَى الْمُسْتَشْفَى.

(٧) أَ ....لِزِيَارَةِ خَالَتِكُنَّ يَا بَنَاتِي؟

(٨) ....أَخِي إِلَى الْمَطَارِ.

(٩) أَخَوَاتِي ....إِلَى الْكُلِّيَّةِ.

(١٠) أَ..........إِلَى الْمَدْرَسَةِ يَا عَائِشَةُ.

٢- أَكْمِلِ الْجُمَلَ الْآتِيَةَ بِوَضْعِ فِعْلٍ مَاضٍ مُنَاسِبٍ فِي كُلٍّ مِنَ الْأَمَاكِنِ الْخَالِيَةِ:

Fill in the blanks with suitable verbs in the mâḏi:

(١) أَ..........الْأَذَانَ يَا مُحَمَّدُ؟

(٢) نَحْنُ..........كُرَةَ السَّلَّةِ الْيَوْمَ.

(٣) أَ..........قُمْصَانِي وَمَنَادِيلِي يَا أُمِّي؟

(٤) ....الْمُدِيرُ الدَّرْسَ عَلَى السَّبُّورَةِ.

(٥) أَنَا..........بَابَ الْفَصْلِ، وَحَامِدٌ وَهِشَامٌ وَبِلَالٌ..........النَّوَافِذَ.

(٦) أَ..........الدَّرْسَ الْجَدِيدَ جَيِّدًا يَا بَنَاتُ؟

(٧) زَمِيلَاتِي..........مِنَ الْفَصْلِ بَعْدَ الدَّرْسِ.

(٨) أَ..........الْقُرْآنَ بَعْدَ صَلَاةِ الْفَجْرِ يَا أَبْنَائِي؟

(٩) أَخِي..........سُورَةَ الرَّحْمَنِ.

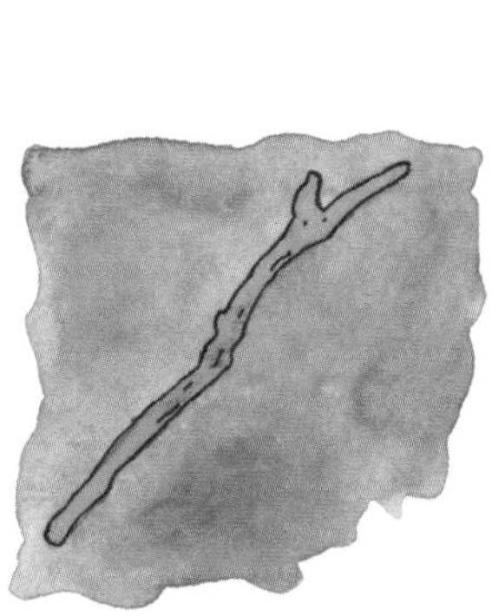

(١٠) أَنَا..........عَنْ قَلَمِي وَلَكِنِّي مَا وَجَدْتُهُ.

(١١) مَنْ..........هَذِهِ الْحَيَّةَ؟

(١٢) أَ..........الْقَهْوَةَ يَا مَرْيَمُ؟

(١٣) زُمَلَائِي..........الْمَوْزَ وَأَنَا..........الْعِنَبَ.

(١٤) ....فَاطِمَةُ بِنْتَهَا بِالْعَصَا.

78

٣–تَأَمَّلْ مَا يَلِي: Read and remember:

ذَهَبَ (ذَهَبَ = فِعْلٌ + ضَمِيرٌ مُسْتَتِرٌ = فَاعِلٌ).

ذَهَبُوا (ذَهَبَ = فِعْلٌ + و = فَاعِلٌ).

ذَهَبَتْ (ذَهَبَ = فِعْلٌ + تْ = عَلاَمَةُ التَّأْنِيثِ + ضَمِيرٌ مُسْتَتِرٌ= فَاعِلٌ).

ذَهَبْنَ (ذَهَبَ = فِعْلٌ + نَ = فَاعِلٌ).

ذَهَبْتَ (ذَهَبَ = فِعْلٌ + تَ = فَاعِلٌ).

ذَهَبْتُمْ (ذَهَبَ = فِعْلٌ + تُ = فَاعِلٌ + مْ = عَلاَمَةُ الْجَمْعِ).

ذَهَبْتِ (ذَهَبَ = فِعْلٌ + تِ = فَاعِلٌ).

ذَهَبْتُنَّ (ذَهَبَ = فِعْلٌ + تُ = فَاعِلٌ + نَّ = عَلاَمَةُ الْجَمْعِ).

ذَهَبْتُ (ذَهَبَ = فِعْلٌ + تُ = فَاعِلٌ).

ذَهَبْنَا (ذَهَبَ = فِعْلٌ + نَا = فَاعِلٌ).

٤– عَيِّنْ الفَاعِلَ فِيمَا يَلِي:

Point out the فَاعِلٌ in the following:

خَرَجْتُ – جَلَسْنَا – سَمِعْت – شَرِبْتُنَّ – دَخَلُوا – حَفِظْنَ – أَكَلْتُمْ – فَتَحَ – فَهِمْتُنَّ – كَتَبْتَ – غَسَلَتْ – لَعِبُوا – دَخَلَ – ضَرَبَتْ .

٥–مِنَ الضَّمَائِرِ الْمُتَّصِلَةِ: Some attached pronouns:

التَّاءُ كَمَا فِي : ذَهَبْتَ ذَهَبْتِ ذَهَبْتُ ذَهَبْتُمْ ذَهَبْتُنَّ

الْوَاوُ كَمَا فِي : ذَهَبُوا .

النُّونُ كَمَا فِي : ذَهَبْنَ.

نَا كَمَا فِي : ذَهَبْنَا.

Read and remember:

٦-تأمَّلْ ما يَلي:

(١) أَيْنَ حَامِدٌ؟ خَرَجَ (خَرَجَ = فِعْلٌ. الفَاعِلُ ضَمِيرٌ مُسْتَتِرٌ).

(٢) أَيْنَ آمِنَةُ؟ خَرَجَتْ (خَرَجَ = فِعْلٌ + تْ = عَلَامَةُ التَّأْنِيثِ.
الْفَاعِلُ ضَمِيرٌ مُسْتَتِرٌ).

POINTS TO REMEMBER

This is a revision lesson. Here we review the *mâḏi* with *isnâd* to all the pronouns except those of the dual. The *isnâd* to the pronouns of the dual is treated fully in Book Five.

الدَّرْسُ التَّاسِعُ

LESSON 9

دَخَلَ الْمُدَرِّسُ الفَصْلَ وَوَجَدَ فيه خَمْسَةَ عَشَرَ طَالبًا فَقَطْ، فَقَالَ لَهُمْ: أَيْنَ الطُّلاَّبُ الْجُدُدُ الْخَمْسَةُ الَّذينَ جاءُوا أَمْسِ؟ قَالَ عَبْدُ الله: حَضَرُوا اليَوْمَ وَخَرَجُوا قَبْلَ قَليلٍ. أَظُنُّ أَنَّهُمْ ذَهَبُوا إِلَى الْمُديرِ.

رَجَعَ الطُّلاَّبُ الْخَمْسَةُ بَعْدَ قَليلٍ، فَقَالَ لَهُمُ الْمُدَرِّسُ: أَإِلَى الْمُديرِ ذَهَبْتُمْ يَا أَبْنَائي؟

قَالُوا : نَعَمْ. ذَهَبْنَا إِلَيْهِ لأَنَّنَا مَا وَجَدْنَا أَسْمَاءَنَا فِي الْقَائِمَةِ.

جَلَسَ الْمُدَرِّسُ وَقَالَ : أَقَرَأْتُمْ دَرْسَ الأَمْسِ يَا أَبْنَائي؟ قَالَ الطُّلاَّبُ : نَعَمْ. قَرَأْنَاهُ وَكَتَبْنَاهُ وَحَفِظْنَاهُ. قَالَ الْمُدَرِّسُ : أَفَهِمْتُمُوهُ؟ قَالُوا : نَعَمْ. فَهِمْنَاهُ جَيِّدًا. مَا أَسْهَلَ هَذَا الدَّرْسَ!

قَالَ عَبْدُ الرَّحْمَنِ: أَنَا مَا فَهِمْتُ فِيهِ ثَلاَثَ كَلِمَاتٍ. قَالَ الْمُدَرِّسُ: مَا هِيَ؟ قَالَ عَبْدُ الرَّحْمَنِ: قَرَأْنَا فِي الدَّرْسِ هَذِهِ الْجُمْلَةَ «عَادَ جَدِّي مِنَ الْخُرْطُومِ». فَمَا مَعْنَى هَذِهِ الْكَلِمَاتِ الثَّلاَثِ؟ قَالَ الْمُدَرِّسُ: «عَادَ» مَعْنَاهَا «رَجَعَ» وَ«الْجَدُّ» مَعْنَاهَا «أَبُو الأَبِ أَوْ أَبُو الأُمِّ». وَ«الْخُرْطُومُ» «عَاصِمَةُ السُّودَانِ». أَفَهِمْتَ؟ قَالَ عَبْدُ الرَّحْمَنِ: الآنَ فَهِمْتُ.

ثُمَّ فَتَحَ الْمُدَرِّسُ كِتَابَهُ وَقَرَأَ دَرْسًا جَدِيدًا «خَلَقَ اللهُ الشَّمْسَ وَالقَمَرَ وَالنُّجُومَ وَالأَرْضَ وَالبِحَارَ، وَخَلَقَ كُلَّ شَيْءٍ. وَخَلَقَ الإِنْسَانَ مِنْ طِينٍ...» ثُمَّ قَامَ وَكَتَبَ هَذَا الدَّرْسَ عَلَى السَّبُّورَةِ.

رَفَعَ مُحَمَّدٌ يَدَهُ وَقَالَ: مَا مَعْنَى «الطِّينِ» يَا أُسْتَاذُ؟ قَالَ الْمُدَرِّسُ: الطِّينُ مَعْنَاهُ «التُّرَابُ الْمُخْتَلِطُ بِالْمَاءِ». وَرَفَعَ فَيْصَلٌ يَدَهُ، فَقَالَ لَهُ الْمُدَرِّسُ: أَعِنْدَكَ سُؤَالٌ يَا فَيْصَلُ؟ قَالَ فَيْصَلٌ: نَعَمْ. عِنْدِي سُؤَالٌ. آلْبِحَارُ جَمْعُ الْبَحْرِ؟ قَالَ الْمُدَرِّسُ: نَعَمْ. هُوَ كَذَلِكَ . قَامَ الْحَسَنُ وَقَالَ: مَا جَمْعُ «السَّمَاءِ» يَا أُسْتَاذُ؟ قَالَ الْمُدَرِّسُ: جَمْعُهَا «سَمَوَاتٌ».

ثُمَّ سَأَلَ الْمُدَرِّسُ الطُّلَّابَ عِدَّةَ أَسْئِلَةٍ.

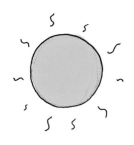

الْمُدَرِّسُ: مَنْ خَلَقَكَ يَا إِبْرَاهِيمُ؟

إِبْرَاهِيمُ : خَلَقَنِيَ اللهُ.

الْمُدَرِّسُ: مَنْ خَلَقَكُمْ يَا أَبْنَائِي؟

الْجَمِيعُ : خَلَقَنَا اللهُ.

الْمُدَرِّسُ: مَنْ خَلَقَنِي يَا عَبَّاسُ؟

عَبَّاسٌ : خَلَقَكَ اللهُ.

الْمُدَرِّسُ: مَنْ خَلَقَ الشَّمْسَ يَا عَبْدَ اللهِ؟

عَبْدُ اللهِ : خَلَقَهَا اللهُ.

الْمُدَرِّسُ: وَمَنْ خَلَقَ الْقَمَرَ يَا عَبْدَ الرَّحْمَنِ؟

عَبْدُ الرَّحْمَنِ : خَلَقَهُ اللهُ.

الْمُدَرِّسُ: وَمَنْ خَلَقَ النُّجُومَ يَا أَحْمَدُ؟

أَحْمَدُ : خَلَقَهَا اللهُ.

يَعْقُوبُ : يَا أُسْتَاذُ، عِنْدِي سُؤَالٌ لَيْسَتْ لَهُ عَلَاقَةٌ بِالدَّرْسِ.

الْمُدَرِّسُ : مَا هُوَ؟

يَعْقُوبُ : قَرَأْتُ فِي كِتَابٍ أَنَّ النُّجُومَ أَبْعَدُ مِنَ الشَّمْسِ. أَصَحِيحٌ هَذَا؟

الْمُدَرِّسُ: نَعَمْ. هَذَا صَحِيحٌ... مِمَّ خَلَقَ اللهُ الْإِنْسَانَ يَا عُثْمَانُ؟

عُثْمَانُ : خَلَقَ اللهُ الإِنْسَانَ مِنْ طِينٍ.

الْمُدَرِّسُ: أَحْسَنْتَ يَا عُثْمَانُ... وَمِمَّ خَلَقَ اللهُ الْجَانَّ يَا أَبَا بَكْرٍ؟

أَبُوبَكْرٍ : خَلَقَ اللهُ الْجَانَّ مِنْ نَارٍ.

الْمُدَرِّسُ: كَيْفَ عَرَفْتَ ذَلِكَ يَا أَبَا بَكْرٍ؟

أَبُوبَكْرٍ : عَرَفْتُ ذَلِكَ مِنَ الْقُرْآنِ الْكَرِيمِ . فَجَاءَ فِي سُورَةِ الأَعْرَافِ أَنَّ إِبْلِيسَ قَالَ لِلَّهِ ﴿أَنَا خَيْرٌ مِنْهُ، خَلَقْتَنِي مِنْ نَارٍ وَخَلَقْتَهُ مِنْ طِينٍ﴾.

الْمُدَرِّسُ: أَحْسَنْتَ يَا أَبَا بَكْرٍ... كَمْ سَمَاءً خَلَقَ اللهُ يَا عَبْدَ اللهِ؟

عَبْدُ اللهِ : خَلَقَ اللهُ سَبْعَ سَمَوَاتٍ.

الْمُدَرِّسُ: وَفِي كَمْ يَوْمٍ خَلَقَ اللهُ السَّمَوَاتِ وَالأَرْضَ يَا عَبْدَ الرَّحْمَنِ؟

عَبْدُ الرَّحْمَنِ: خَلَقَ اللهُ السَّمَوَاتِ وَالأَرْضَ فِي سِتَّةِ أَيَّامٍ.

الْمُدَرِّسُ: هَـذَا صَـحِيحٌ. قَـالَ اللهُ تَعَالَى فِي كَثِيرٍ مِنَ الآيَاتِ إِنَّهُ خَلَقَ سَبْعَ سَمَوَاتٍ، فَقَالَ فِي سُورَةِ الطَّلَاقِ: ﴿اللهُ الَّذِي خَلَقَ سَبْعَ سَمَوَاتٍ﴾. وَكَذَلِـكَ قَالَ فِي كَثِيرٍ مِّنَ الآيَاتِ إِنَّهُ خَلَقَ السَّمَوَاتِ وَالأَرْضَ فِي سِـتَّةِ أَيَّـامٍ. فَقَـالَ فِي سُورَةِ الْحَدِيدِ: ﴿هُوَ الَّذِي خَلَقَ السَّمَوَاتِ وَالأَرْضَ فِي سِتَّةِ أَيَّامٍ﴾.

فِي هَذِهِ اللَّحْظَةِ رَنَّ الْجَرَسُ فَخَرَجَ الْمُدَرِّسُ مِنَ الْفَصْلِ.

تَمَـــارِين EXERCISES

١-أَجِبْ عَنِ الأَسْئِلَةِ الآتِيَةِ: Answer the following questions:

(١) كَمْ طَالِباً وَجَدَ الْمُدَرِّسُ فِي الْفَصْلِ؟

(٢) لِمَ ذَهَبَ الطُّلَّابُ الْجُدُدُ إِلَى الْمُدِيرِ؟

(٣) مَنْ خَلَقَنَا؟

(٤) مَنْ خَلَقَ الْقَمَرَ؟

(٥) مَنْ خَلَقَ الشَّمْسَ؟

(٦) مَنْ خَلَقَ النُّجُومَ؟

(٧) مِمَّ خَلَقَ اللهُ الإِنْسَانَ؟

(٨) مِمَّ خَلَقَ اللهُ الْجَانَّ؟

(٩) كَمْ سَمَاءً خَلَقَ اللهُ؟

(١٠) فِي كَمْ يَوْمٍ خَلَقَ اللهُ السَّمَوَاتِ والأَرْضَ؟

٢- ﴿أَنَا خَيْرٌ مِنْهُ. خَلَقْتَنِي مِنْ نَارٍ وَخَلَقْتَهُ مِنْ طِينٍ﴾.

(١) مَن قَالَ هَذَا؟   (٢) وَلِمَنْ؟   (٣) مِنْ أَيِّ سُورَةٍ هَذِهِ الآيَةُ؟

٣- ضَعْ هَذِهِ الْعَلَامَةَ (✓) أَمَامَ الْجُمَلِ الصَّحِيحَةِ، وَهَذِهِ الْعَلَامَةَ (✗) أَمَامَ الْجُمَلِ الَّتِي لَيْسَتْ صَحِيحَةً:

Mark the correct statements with this (✓) and the incorrect ones with this (✗):

(١) الطُّلَّابُ الْجُدُدُ خَمْسَةَ عَشَرَ

(٢) عَبْدُ الرَّحْمَنِ مَا فَهِمَ مَعْنَى ثَلَاثِ كَلِمَاتٍ.

(٣) سَأَلَ فَيْصَلٌ الْمُدَرِّسَ: مَا جَمْعُ السَّمَاءِ؟

(٤) كَتَبَ الْمُدَرِّسُ الدَّرْسَ عَلَى السَّبُّورَةِ.

٤- مَا مَعْنَى الْكَلِمَاتِ الآتِيَةِ؟:

Give the meaning of the following words:

(١) الطِّينُ.........   (٢) عَادَ.........   (٣) الْجَدُّ.........

٥- اقْرَأِ الْمِثَالَ، ثُمَّ أَكْمِلْ مَا يَلِي عَلَى غِرَارِهِ:

Read the examples, then fill in the blanks with suitable words:

(أ) عَاصِمَةُ السُّودَانِ الْخُرْطُومُ.

(١) .... الْعِرَاقِ ....

(٢) .... الْمَمْلَكَةِ الْعَرَبِيَّةِ السَّعُودِيَّةِ ....

(٣) .... الْيَمَنِ ....

(٤) .... مِصْرَ ....

٦- اقْرَأِ الْأَمْثِلَةَ، ثُمَّ اكْتُبِ الْجُمَلَ الْآتِيَةَ مُسْتَعْمِلاً (فِعْلَ التَّعَجُّبِ):

Rewrite the following sentences using فِعْلُ التَّعَجُّبِ **as shown in the examples:**

(أ) هَذَا الرَّجُلُ طَوِيلٌ.   مَا أَطْوَلَ هَذَا الرَّجُلَ!

(ب) هَذَا الْبَيْتُ كَبِيرٌ.   مَا أَكْبَرَ هَذَا الْبَيْتَ!

(ج) هَذِهِ السَّيَّارَةُ جَمِيلَةٌ.   مَا أَجْمَلَ هَذِهِ السَّيَّارَةَ!

(١) هَذَا الْمَاءُ بَارِدٌ.   .... (أَبْرَدَ)

(٢) النُّجُومُ جَمِيلَةٌ.   .... (أَجْمَلَ)

(٣) هَذَا الْقَلَمُ رَخِيصٌ.   .... (أَرْخَصَ)

(٤) اللُّغَةُ الْعَرَبِيَّةُ سَهْلَةٌ.   .... (أَسْهَلَ)

(٥) النُّجُومُ كَثِيرَةٌ.   .... (أَكْثَرَ)

(٦) اللَّبَنُ حَسَنٌ.   .... (أَحْسَنَ)

(٧) هَذِهِ السَّيَّارَةُ سَرِيعَةٌ.   .... (أَسْرَعَ)

(٨) الْقَمَرُ جَمِيلٌ.   .... (أَجْمَلَ)

(٩) هَذَا الْقَمِيصُ وَسِخٌ.   .... (أَوْسَخَ)

(١٠) هَذَا الْفَصْلُ نَظِيفٌ.   .... (أَنْظَفَ)

٧– تَأَمَّلْ الْأَمْثِلَةَ، ثُمَّ اقْرَأْ الْكَلِمَاتِ الْآتِيَةَ وَاكْتُبْهَا مَعَ ضَبْطِ أَوَاخِرِهَا:

Read the following words with the correct endings:

(أ) مُحَمَّدٌ : يَا مُحَمَّدُ. ‏حَامِدٌ : يَاحَامِدُ. ‏أُسْتَاذٌ : يَا أُسْتَاذُ.

(ب) أُخْتُ حَامِدٍ : يَا أُخْتَ حَامِدٍ. ‏عَبْدُ اللهِ : يَاعَبْدَ اللهِ:

يَـا عَـلِيّ– يَا عَبَّاس –يَا رَجُل –يَا بِنْت –يَا شَيْخ – يَا مَرْيَم –يَا عَبْد اللهِ –
يَـا بِنْت خَـالِد –يَا سَائِق السَّيَّارَةِ –يَا أُمَّ سَعْد – يَا عَبْد الرَّحْمَنِ– يَا رَبَّ
الْكَعْبَةِ– يَا إِمَام الْمَسْجِدِ –يَا ابْن عَبَّاسٍ –(أَبُو بَكْرٍ : يَا أَبَا بَكْرٍ).

٨–تَأَمَّلْ الْأَمْثِلَةَ، ثُمَّ عَيِّنْ فِيمَا يَلِي جَمْعَ الْمُؤَنَّثِ السَّالِمَ وَاضْبِطْ آخِرَهُ:

Read the examples and then read the words in the sound feminine plural form with the correct ending:

(أ) رَأَيْتُ سَيَّارَةً. ‏رَأَيْتُ سَيَّارَاتٍ.

(ب) سَأَلَتْ الْمُدِيرَةُ الطَّالِبَةَ. ‏سَأَلَتْ الْمُدِيرَةُ الطَّالِبَاتِ.

(ج) قَرَأْتُ الْمَجَلَّةَ. ‏قَرَأْتُ الْمَجَلَّاتِ.

(١) خَلَقَ اللهُ الشَّمْسَ وَالْقَمَرَ وَالنُّجُومَ وَالْبِحَارَ وَالْأَرْضَ وَالسَّمَوَاتِ.

(٢) سَأَلَ الْأَبُ الْأَبْنَاءَ وَالْبَنَاتِ. ‏(٣) كَتَبْتُ هَذِهِ الْكَلِمَاتِ.

(٤) رَأَيْتُ الْأَطِبَّاءَ وَالطَّبِيبَاتِ. ‏(٥) غَسَلَ الْوَلَدُ السَّيَّارَةَ.

(٦) غَسَلَ الْوَلَدُ السَّيَّارَاتِ. ‏(٧) أَأَخَذْتَ الرِّيَالَاتِ يَا بُنَيَّ؟

(٨) سَأَلَ بِلَالٌ زُمَلَاءَهُ. ‏(٩) سَأَلَتْ زَيْنَبُ زَمِيلَاتِهَا.

(١٠) قَرَأْتُ الْكُتُبَ وَالصُّحُفَ وَالْمَجَلَّاتِ.

(١١) رَأَيْتُ إِخْوَةَ حَامِدٍ وَأَخَوَاتِهِ. ‏(١٢) قَرَأْنَا هَذِهِ الصَّفَحَاتِ.

٩- تَأَمَّلِ الْمِثَالَ، ثُمَّ أَدْخِلْ هَمْزَةَ الِاسْتِفْهَامِ عَلَى الْجُمَلِ الْآتِيَةِ:

هَمْزَةُ الِاسْتِفْهَامِ

Rewrite the following sentences using

الْبِحَارُ جَمْعُ الْبَحْرِ . أَالْبِحَارُ جَمْعُ الْبَحْرِ . آلْبِحَارُ جَمْعُ الْبَحْرِ؟

(أَ + اَلْـ = آلْـ)

(١) الْآنَ خَرَجْتَ. ....؟

(٢) الْيَوْمَ رَجَعَ أَبُوكَ مِنْ دِمَشْقَ. ....؟

(٣) الْمُدَرِّسُ مَرِيضٌ. ....؟

(٤) الْمُدِيرُ قَالَ هَكَذَا. ....؟

(٥) الطَّالِبُ الْجَدِيدُ كَسَرَ هَذَا الْكُرْسِيَّ. ....؟

(٦) هَذَا الطَّالِبُ ضَرَبَكَ. ....؟

١٠- تَأَمَّلِ الْمِثَالَ، ثُمَّ أَجِبْ عَنِ الْأَسْئِلَةِ الْآتِيَةِ عَلَى غِرَارِهِ:

Answer the following questions as shown in the example:

(أ) مَنْ خَلَقَكَ ؟ خَلَقَنِيَ اللهُ.

(١) مَنْ ضَرَبَكَ؟ ....

(٢) مَنْ سَأَلَكَ هَذَا السُّؤَالَ؟ ....

(٣) أَرَآكَ الْمُدَرِّسُ فِي الْمَسْجِدِ؟ ....

(بِلَالٌ رَأَى، أَنْتَ رَأَيْتَ، أَنَا رَأَيْتُ)

Learn the following:

١١- تَأَمَّلِ الْكَلِمَةَ الْآتِيَةَ:

مَعْنًى-مَعْنَاهُ-مَعْنَاهَا.

١٢– تَأَمَّلِ الْكَلِمَاتِ الآتِيَةَ: Learn the following words:

(١) مِنْ + مَا = مِمَّ؟	مِمَّ خَلَقَ اللهُ الإِنْسَانَ؟	خَلَقَهُ مِنْ طِينٍ.
(٢) بِ + مَا = بِمَ؟	بِمَ قَتَلْتَ الْحَيَّةَ؟	قَتَلْتُهَا بِالْحَجَرِ.
(٣) لِ + مَا = لِمَ؟	لِمَ خَرَجْتَ مِنَ الْفَصْلِ؟	خَرَجْتُ لأَنَّنِي مَرِيضٌ.
(٤) عَنْ + مَا= عَمَّ؟	عَمَّ بَحَثْتَ فِي الْمَدْرَسَةِ؟	بَحَثْتُ عَنْ سَاعَتِي.
	عَمَّ سَأَلْتَ الْمُدَرِّسَ؟	سَأَلْتُهُ عَنِ الامْتِحَانِ.

١٣– تَأَمَّلِ الْمِثَالَ، ثُمَّ اكْتُبِ الْجُمَلَ الآتِيَةَ بَعْدَ تَحْوِيلِ الْكَلِمَاتِ الَّتِي تَحْتَهَا خَطٌّ إِلَى جُمُوعٍ:

Rewrite the following sentences after changing the underlined words to the plural as shown in the example:

مَنِ الْفَتَى الَّذِي خَرَجَ مِنَ الْفَصْلِ الآنَ؟

مَنِ الْفِتْيَةُ الَّذِينَ خَرَجُوا مِنَ الْفَصْلِ الآنَ؟

(١) مَنِ الرَّجُلُ الَّذِي دَخَلَ بَيْتَكُمُ الآنَ؟ ....؟

(٢) أَيْنَ الطَّالِبُ الَّذِي جَاءَ أَمْسِ؟ ....؟

(٣) ضَرَبْتُ الْوَلَدَ الَّذِي ضَرَبَنِي. ....

١٤– تَأَمَّلِ الْمِثَالَ، ثُمَّ اكْتُبِ الْجُمَلَ الآتِيَةَ بَعْدَ تَحْوِيلِ الْكَلِمَاتِ الَّتِي تَحْتَهَا خَطٌّ إِلَى جُمُوعٍ:

Rewrite the following sentences after changing the underlined words to the plural as shown in the example:

الطَّالِبَةُ الَّتِي دَخَلَتْ الْفَصْلَ الآنَ مِنَ الْهِنْدِ.

الطَّالِبَاتُ اللاَّتِي دَخَلْنَ الْفَصْلَ الآنَ مِنَ الْهِنْدِ.

الفَتاةُ الَّتي عِنْدَ الْمُديرَة أُخْتُ مَرْيَم.

الطَّبيبَةُ الَّتي فِي مُسْتَشْفَى الْوِلادَة مِنْ إنْكلْتَرّا. ....

الْمَرْأَةُ الَّتي دَخَلَتْ بَيْتَنا عَمَّتي . ...

الأَسْماءُ الْمَوْصُولَةُ

المذكر	الْمُفْرَدُ : مَنِ الفتى الَّذي دَخَلَ الفَصْلَ الآنَ؟
	الْجَمْعُ : مَنِ الفِتْيَةُ الَّذينَ دَخَلُوا الفَصْلَ الآنَ
المؤنث	الْمُفْرَدُ : مَنِ الفَتاةُ الَّتي دَخَلَتْ الفَصْلَ الآنَ؟
	الْجَمْعُ : مَنِ الفَتَياتُ اللاَّتي دَخَلْنَ الفَصْلَ الآنَ؟

١٥- كَوِّنْ جُمَلاً مُسْتَعْمِلاً الْكَلِمات الآتِيَة:

Make sentences using the following words:

رَفَعَ - خَلَقَ - عادَ - الجِدُّ - مِمَّ - بِمَ - لِمَ - عَمَّ.

New words: الكَلِماتُ الْجَديدَةُ:

قائِمَةٌ (ج قَوائِمُ)   مَعنًى   طِينٌ   نارٌ

عِلاقَةٌ (ج عِلاقاتٌ)   لَحْظَةٌ   جَرَسٌ (ج أَجْراسٌ)   عِدَّةٌ

حَضَرَ   خَلَقَ   رَفَعَ   أَحْسَنْتَ

رَنَّ

POINTS TO REMEMBER

In this lesson, we learn the following:

1) The *nas̲b* ending of the sound feminine plural: We have learnt earlier that the normal *nas̲b* ending of a noun is '-a', e.g.:

إِنَّ الْبَيْتَ جَدِيدٌ.

قَرَأْتُ الْكِتَابَ.

Now we learn that the nasb ending of a noun in the sound feminine plural form is '-i' instead of '-a', e.g.:

رَأَيْتُ الأَبْنَاءَ وَالْبَنَاتِ. 'I saw the sons and the daughters.' (al-abnâ-**a** wa l-banât**i**)

In this sentence, both الأَبْنَاءَ and الْبَنَاتِ are objects of the verb رَأَيْتُ, and so they are *mans̲ûb*. The noun الأَبْنَاءَ has the regular '-**a**' ending but the noun الْبَنَاتِ has the '-**i**' ending because it is found feminine plural which ends in '-**ât**'.

Here are some more examples:

خَلَقَ اللهُ السَّمٰوَاتِ وَالأَرْضَ. 'Allâh created the heavens and the earth.' (as-samâwât-**i** wa l-ard̲-**a**).

قَرَأْتُ الْكُتُبَ وَالصُّحُفَ وَالْمَجَلاَّتِ. 'I read the books, the newspapers, and the magazines.' (al-kutub-**a** wa s-s̲uh̲uf-**a** wa l-majallât-**i**)

إِنَّ الإِخْوَةَ وَالأَخَوَاتِ فِي الْبَيْتِ. 'Indeed the brothers and sisters are at home.' (al-ikhwat-**a** wa l-akhawât-**i**)

Remember that the *nas̲b* and *jarr* endings are the same in the sound feminine plural form, e.g.:

إِنَّ الطَّالِبَاتِ فِي الْحَافِلَاتِ. 'Indeed the female students are in the buses.' Here الطَّالِبَاتِ is *mansûb* because of إِنَّ and الْحَافِلَاتِ is *majrûr* because of the preposition فِي, but both have the -i ending.

2) We have learnt that رَأَيْتُكَ means 'I saw you' and رَأَيْتُهُ means 'I saw him.' Now we learn the use of the pronoun of the first person 'me'. Note the following:

رَأَيْتَنِي. 'You saw me.'

خَلَقَنِي اللهُ. 'Allâh created me.'

سَأَلَنِي الْمُدَرِّسُ. 'The teacher asked me.'

The pronoun of the first person is only '-î,' but an '-n' is added between the verb and the pronoun '-î' so that the final vowel of the verb may not be affected due to '-î'. As we know 'you saw' is رَأَيْتَ (ra'aita) for masculine and رَأَيْتِ (ra'aiti) for feminine. If we say 'ra'aita-î' the Arabic phonetic system requires the omission of the vowel 'a' or 'i' before the pronoun 'î'. So the verb in both cases will become 'ra'ait-î' and the difference between the masculine and feminine will be lost. That is why an '-n' is inserted between the verb and the pronoun '-î' (ra'aita-n-î, 'ra'aiti-n-î'). This *nûn* is called 'the *nûn* of protection' نُونُ الْوِقَايَة because it protects the final vowel of the verb from omission.

3) How to say in Arabic 'How beautiful is this car!', 'What a beautiful car this is!' This is expressed in Arabic by مَا أَجْمَلَ هذِهِ السَّيَّارَةَ! This is called فِعْلُ التَّعَجُّب (i.e. Verb of Wonder) and has the form مَا أَفْعَلَهُ. One can use the pronoun هُ or any other pronoun in the accusative, or replace it by a *mansûb* noun e.g.:

مَا أَطْيَبَكَ! 'How good you are!'

مَا أَفْقَرَهَا! 'How poor she is!'

مَا أَكْثَرَ النُّجُومَ ! 'How numerous the stars are!'

مَا أَسْهَلَ هذا الدَّرْسَ ! 'How easy this lesson is!'

4) We have learnt in Book II that the noun after يا takes only one *dammah*, e.g.:

يا حامدُ! يا بلالُ! يا أُسْتاذُ! يا وَلَدُ!. Now if the noun after يا is *mudâf*, it is *mansûb*, e.g.:

يا بِنْتَ بلالٍ! 'O daughter of Bilâl!'

يا أُخْتَ مُحَمَّدٍ! 'O sister of Muhammad!'

يا ابْنَ أخي! 'O son of my brother!'

يا رَبَّ الكَعْبةِ! 'O Lord of the Ka'bah!'

يا عَبْدَ اللهِ! 'O servant of Allâh!'

يا أبا بَكْرٍ! 'O Abu Bakr!' (Literally 'O Father of Bakr'. Note that the *mansûb* form of أَبُو is أَبَا).

يا رَبَّنَا! 'O our Lord!'

5) We have learnt in Book II that the noun after كَـــمْ (how many?) is singular and *mansûb*. But if the word كَـــمْ is preceded by a preposition, the noun following it may be *majrûr* or *mansûb*, e.g.:

كَمْ ريالاً عِنْدَكَ؟ 'How many riyals have you?'

بِكَمْ ريالاً/ ريالٍ هذا؟ 'How many riyals does this cost?'

Here both ريالاً and رِيالٍ are permissible because of the preposition بِـــ. In the same way we can say فِي كَمْ يَوْمًا/ يَوْمٍ؟ 'in how many days?'

6) When the interrogative مَا is preceded by a preposition, the *alif* of مَا is dropped, e.g.:

بِمَ → بِـــ + مَا 'with what?'

لِ + مَا → لِمَ 'for what?' 'why?'

مِنْ + مَا → مِمَّ 'from what?' Note that the *nûn* of مِنْ has been assimilated to the *mîm* of مَا (min+mâ → mimma).

عَنْ + مَا → عَمَّ 'about what?' Note that the *nûn* of عَنْ has been assimilated to the *mîm* of مَا ('an+mâ → 'amma)

7) We have learnt the relative pronouns اَلَّذِي (mas. sing.) and اَلَّتِي (fem. sing.). Now we learn their plural forms. The plural of اَلَّذِي is اَلَّذِينَ, and that of اَلَّتِي is اللَّاتِي . Here are some examples:

Mas. sing.: الرَّجُلُ الَّذِي خَرَجَ من مَكْتَبِ الْمُدِيرِ مدرسٌ جديدٌ

'The man who left the headmaster's office is a new teacher.'

Mas. pl.: الرِّجَالُ الَّذِينَ خَرَجُوا مِنْ مَكْتَبِ الْمُدِيرِ مُدَرِّسُونَ جُدُدٌ

'The men who left the headmaster's office are new teachers.'

Fem. sing.: الطَّالبَةُ الَّتِي جَلَسَتْ أَمامَ الْمُدَرِّسَةِ بِنْتُ الْمُدِيرَةِ

'The female student who sat in front of the lady teacher is the headmistress' daughter.'

Fem. pl.: الطَّالِبَاتُ اللَّاتِي جَلَسْنَ أَمامَ الْمُدَرِّسَةِ بَنَاتُ الْمُدِيرَةِ

'The female students who sat in front of the lady teacher are the headmistress' daughters.'

8) We have learnt the particle أَ which turns a statement into a question. If the noun following it has ال the أَ changes to آ, e.g.:

الْمُدَرِّسُ قَالَ لَكَ. → آلْمُدَرِّسُ قَالَ لَكَ؟ 'Did the teacher tell you?' (**âl**-mudarris-u?)

الْيَوْمَ رَأَيْتَهُ → آلْيَوْمَ رَأَيْتَهُ؟ 'Did you see him today?' (**âl**-yaum-a?)

But:

أَهَذَا الطَّالبُ سَأَلَكَ؟ ← هَذَا الطَّالبُ سَأَلَكَ. 'Did this student ask you?' (**a** hâdha?)

9) The final ى which is pronounced *alif* is written *alif* when a pronoun of *jarr* a *nasb* is attached to the word, e.g.:

مَعْنًى 'meaning' → مَعْنَاهُ 'its meaning.'

كَوَى 'he ironed' → كَوَاهُ 'he ironed it.'

10) الطُّلاّبُ الجُدُدُ الخَمْسَةُ 'the five new students': here the number is used as an adjective and so it comes after the *mâ'dûd*. Here are some more examples:

الكُتُبُ الأَرْبَعَةُ 'the four books.'

الرِّجَالُ العَشَرَةُ 'the ten men.'

الصِّحَاحُ السِّتَّةُ 'the Six Authentic Books of hadîth'.

الأَخَواتُ الخَمْسُ 'the five sisters'.

11) أَإِلَى الْمُدِيرِ ذَهَبْتُمْ؟: here إِلَى الْمُدِيرِ has been brought forward for the sake of emphasis. Note the following:

رَأَيْتُ بِلالاً. 'I saw Bilâl' (without empphasis).

بِلالاً رَأَيْتُ. 'It was Bilâl that I saw' (with emphasis).

The second construction is used in case of doubt or denial.

VOCABULARY

قَائِمَةٌ	list	نَارٌ	fire
عِلاَقَةٌ	connection	عِدَّةُ كُتُبٍ	a number of books
مَعْنًى	meaning	عَاصِمَةٌ	capital city
لَحْظَةٌ	moment	مُخْتَلِطٌ	mixed
عِدَّةُ أَسْئِلَةٍ	a number of questions	كَذَلِكَ	like that
رَنَّ	it rang	جَانٌّ	jinn
خَلَقَ	he created	حَدِيدٌ	iron (metal)
رَفَعَ	he raised	هَكَذَا	like this, so
طِينٌ	mud	جَرَسٌ	bell
حَضَرَ	he attended, he was present	أَحْسَنْتَ	you have done well, well done!

الدَّرْسُ العَاشِرُ

LESSON 10

ذَهَــبَ زَكَرِيَّا لِزِيَارَةِ حَامِدٍ بَعْدَ صَلاَةِ الفَجْرِ، وَلَكِنَّهُ مَا وَجَدَهُ فِي الْبَيْتِ فَقَالَ لاِبْنِهِ مُوسَى : أَيْنَ أَبُوكَ؟

مُوسَى : ذَهَبَ إِلَى السُّوقِ.

زَكَرِيَّا : أَيَذْهَبُ إِلَى السُّوقِ كُلَّ يَوْمٍ؟

مُوسَى : نَعَمْ، يَذْهَبُ دَائِماً إِلَى السُّوقِ بَعْدَ صَلاَةِ الْفَجْرِ.

زَكَرِيَّا : مَتَى يَرْجِعُ مِنَ السُّوقِ؟

مُوسَى : يَرْجِعُ فِي السَّاعَةِ السَّابِعَةِ، وَأَحْيَانًا فِي السَّاعَةِ الثَّامِنَةِ.

زَكَرِيَّا : مَاذَا يَفْعَلُ فِي الْبَيْتِ؟

مُوسَى : يَقْرَأُ الصُّحُفَ وَيَسْمَعُ الأَخْبَارَ مِنَ الإِذَاعَةِ.

زَكَرِيَّا : مَتَى يَذْهَبُ إِلَى الْمَصْنَعِ؟

مُوسَى : يَذْهَبُ فِي السَّاعَةِ التَّاسِعَةِ وَالنِّصْفِ.

زَكَرِيَّا : وَمَتَى يَرْجِعُ مِنْ هُنَاكَ؟

مُوسَى : يَرْجِعُ فِي السَّاعَةِ الْوَاحِدَةِ وَالنِّصْفِ أَوِ الثَّانِيَةِ.

زَكَرِيَّا : أَيَذْهَبُ إِلَى الْمَصْنَعِ مَرَّةً أُخْرَى بَعْدَ الظُّهْرِ؟

مُوسَى : لاَ، لاَ يَذْهَبُ بَعْدَ الظُّهْرِ. يَجْلِسُ هُنَا فِي مَكْتَبِهِ بَعْدَ صَلاَةِ الْعَصْرِ.

زَكَرِيَّا : كَمْ عَامِلاً يَعْمَلُ فِي مَصْنَعِكُمْ؟

مُوسَى : مَصْنَعُنَا لَيْسَ بِكَبِيرٍ. يَعْمَلُ فِيهِ مِائَةٌ وَخَمْسَةٌ وَعِشْرُونَ عَامِلاً وَمُهَنْدِسَانِ.

زَكَرِيَّا : السَّاعَةُ الآنَ التَّاسِعَةُ إِلاَّ رُبْعًا، وَمَا رَجَعَ أَبُوكَ.

مُوسَى : لَعَلَّهُ يَرْجِعُ الْيَوْمَ مُتَأَخِّرًا.

EXERCISES تَمَـــــارِين

١-أَجِبْ عَنِ الأَسْئِلَةِ الآتِيَةِ: Answer the following questions:

(١) لِزِيَارَةِ مَنْ ذَهَبَ زَكَرِيَّا؟

(٢) مَتَى ذَهَبَ؟

(٣) أَيْنَ يَذْهَبُ حَامِدٌ بَعْدَ صَلاَةِ الْفَجْرِ؟

(٤) مَتَى يَرْجِعُ مِنَ السُّوقِ؟

(٥) مَاذَا يَفْعَلُ فِي الْبَيْتِ؟

(٦) مَتَى يَذْهَبُ إِلَى الْمَصْنَعِ؟

(٧) كَمْ عَامِلاً يَعْمَلُ فِي مَصْنَعِهِ؟

(٨) كَمْ مُهَنْدِسًا يَعْمَلُ فِي مَصْنَعِهِ؟

٢-صَحِّحْ مَا يَلِي: Correct the following statements:

(١) حَامِدٌ ابْنُ مُوسَى.

(٢) يَذْهَبُ حَامِدٌ إِلَى السُّوقِ أَحْيَانًا.

(٣) يَذْهَبُ حَامِدٌ إِلَى الْمَصْنَعِ فِي السَّاعَةِ الثَّامِنَةِ وَالنِّصْفِ.

(٤) يَذْهَبُ حَامِدٌ إِلَى الْمَصْنَعِ بَعْدَ صَلاَةِ الظُّهْرِ أَيْضًا.

(٥) يَجْلِسُ فِي الْبَيْتِ بَعْدَ صَلاَةِ الْعَصْرِ.

(٦) مَصْنَعُ حَامِدٍ كَبِيرٌ.

Look at the following examples: ٣-تَأَمَّلِ الْأَمْثِلَةَ الآتِيَةَ:

الْمُضَــــــارِعُ	الْمَـــاضِي
يَذْهَبُ عَلِيٌّ إِلَى الْمَدْرَسَةِ كُلَّ يَوْمٍ.	(أ) ذَهَبَ عَلِيٌّ إِلَى الْمَدْرَسَةِ أَمْسِ.
يَقْرَأُ إِسْمَاعِيلُ الْقُرْآنَ بَعْدَ صَلَاةِ الْفَجْرِ كُلَّ يَوْمٍ.	(٢) قَرَأَ إِسْمَاعِيلُ الْقُرْآنَ .
يَغْسِلُ الرَّجُلُ سَيَّارَتَهُ كُلَّ أُسْبُوعٍ.	(٣) غَسَلَ الرَّجُلُ سَيَّارَتَهُ.

٤-تَأَمَّلِ الْأَمْثِلَةَ وَاكْتُبْ مُضَارِعَ الْأَفْعَالِ الآتِيَةِ:

Change these مَاضِي verbs to مُضَارِع:

(١)	(٢)	(٣)	(٤)
كَتَبَ يَكْتُبُ	جَلَسَ يَجْلِسُ	ذَهَبَ يَذْهَبُ	سَمِعَ يَسْمَعُ
دَخَلَ	غَسَلَ	رَكَعَ	فَهِمَ ....
خَرَجَ	رَجَعَ	رَفَعَ	لَعِبَ ....
سَجَدَ	نَزَلَ	فَعَلَ	حَفِظَ ....
أَكَلَ	كَسَرَ	سَأَلَ	شَرِبَ ....
قَتَلَ	ضَرَبَ	فَتَحَ	رَكِبَ ....

٥-أَكْمِلِ الْجُمَلَ الآتِيَةَ بِوَضْعِ فِعْلٍ مُضَارِعٍ مُنَاسِبٍ فِي الْفَرَاغِ:

Fill in the blanks with appropriate verbs in the مُضَارِع:

(١) ......أَبِي إِلَى السُّوقِ كُلَّ صَبَاحٍ.

(٢) مَتَى ......أَبُوكَ مِنَ الْمَصْنَعِ؟

(٣) ......أَحْمَدُ الْقَهْوَةَ وَ......يُوسُفُ الشَّايَ.

(٤) أَخِي ....الصُّحُفَ وَ........الأَخْبَارَ مِنَ الإِذَاعَةِ كُلَّ صَبَاحٍ.

(٥) ....الْمُدَرِّسُ عَلَى السَّبُّورَةِ.

(٦) ....هِشَامٌ وَجْهَهُ بِالصَّابُونِ.

(٧) ....الْمُدِيرُ مِنَ الْمَدْرَسَةِ فِي السَّاعَةِ الثَّانِيَةِ.

٦-اِقْرَأْ مَا يَلِي:

Read the following:

٣٦	سِتَّةٌ وَعِشْرُونَ طَالِبًا.	٢١	وَاحِدٌ وَعِشْرُونَ طَالِبًا.
٢٧	سَبْعَةٌ وَعِشْرُونَ طَالِبًا.	٢٢	اثْنَانِ وَعِشْرُونَ طَالِبًا.
٢٨	ثَمَانِيَةٌ وَعِشْرُونَ طَالِبًا.	٢٣	ثَلَاثَةٌ وَعِشْرُونَ طَالِبًا.
٢٩	تِسْعَةٌ وَعِشْرُونَ طَالِبًا.	٢٤	أَرْبَعَةٌ وَعِشْرُونَ طَالِبًا.
٣٠	ثَلَاثُونَ طَالِبًا.	٢٥	خَمْسَةٌ وَعِشْرُونَ طَالِبًا.

٧-اِقْرَأْ مَا يَلِي، ثُمَّ اكْتُبْهُ مَعَ كِتَابَةِ الأَرْقَامِ الْوَارِدَةِ فِيهِ بِالْحُرُوفِ:

Read the following sentences and then write them replacing figures with words:

(١) فِي الشَّهْرِ ٢٩ أَوْ ٣٠ يَوْمًا.

(٢) فِي هَذِهِ الْحَافِلَةِ ٢٥ رَاكِبًا.

(٣) جَاءَ الْيَوْمَ ٢٢ طَالِبًا جَدِيدًا.

(٤) فِي هَذَا الْكِتَابِ ٢١ دَرْسًا.

(٥) هَذَا الْمَلْعَبُ طُولُهُ ٢٨ مِتْرًا وَعَرْضُهُ ٢٤ مِتْرًا.

(٦) كَمْ كِيلُومِتْرًا الْمَسَافَةُ بَيْنَ الْمَدِينَةِ وَالْمَطَارِ؟ الْمَسَافَةُ بَيْنَهُمَا ٢٣ كِيلُومِتْرًا.

(٧) هَذَا الدَّفْتَرُ طُولُهُ ٢٧ سَنْتِيمِتْرًا.

٨- تَأَمَّلْ مَا يَلِي:

Learn the following:

مُبَكِّـــــرًا x مُتَأَخِّـــــرًا

(١) ذَهَبْتُ إِلَى الْمَدْرَسَةِ الْيَوْمَ مُبَكِّرًا. وَرَجَعْتُ إِلَى الْبَيْتِ مُتَأَخِّرًا.

(٢) ذَهَبَتِ الطَّبِيبَةُ اليَومَ إِلَى الْمُسْتَشْفَى مُبَكِّرَةً.

٩- كَوِّنْ جُمَلاً مُسْتَعْمِلاً الكَلِمَاتِ الآتِيَةَ:

Make sentences using the following words:

دَائِماً   أَحْيَاناً   مُتَأَخِّراً   مَرَّةً أُخْرَى

الكَلِمَاتُ الْجَدِيدَةُ:

New words:

دَائِمًا	أَحْيَانًا	مَرَّةً أُخْرَى
مَكْتَبٌ	عَامِلٌ (ج عُمَّالٌ)	طُولٌ
عَرْضٌ	مَسَافَةٌ	كِيلُومِتْرٌ (ج كِيلُومِتْرَاتٌ)
سَنْتِيمِتْرٌ (ج سَنْتِيمِتْرَات)	مِتْرٌ (ج أَمْتَارٌ)	عَمِلَ
فَعَلَ	رَكِبَ	رَكَعَ
سَجَدَ		

POINTS TO REMEMBER

In this lesson we learn the following:

1) The present tense of the Arabic verb: The Arabic verb has only three forms. These are:

   (a) the past tense which is called the *mâ<u>d</u>i* الْمَاضِي.

   (b) the present-future tense which is called the *mu<u>d</u>âri'* الْمُضَارِع, and

   (c) the imperative which is called the *amr* الأَمْرُ.

We have already learnt the *mâ<u>d</u>i*. In this lesson we will learn the *mu<u>d</u>âri'*. We will learn the *amr* in Book IV.

In the *mu<u>d</u>âri'*, one of the four lettersن, أ, ت, ي is prefixed to the verb. We have learnt that 'he wrote' is كَتَبَ (kataba). Now 'he writes' is يَكْتُبُ (ya-ktubu). Note that يَكْتُبُ means 'he writes,' 'he is writing,' or 'he will write'.

Now let us see the difference between the forms of the *mâ<u>d</u>i* and the *mu<u>d</u>âri'*: يَكْتُبُ / كَتَبَ

We have learnt that most Arabic verbs have three letters or radicals. In the *mâ<u>d</u>i* the first radical has a *fat<u>h</u>ah*, and in the *mu<u>d</u>âri'* it has a *sukûn*. The third radical has a *fat<u>h</u>ah* in the *mâ<u>d</u>i* and a *<u>d</u>ammah* in the *mu<u>d</u>âri'*. The second radical may have any of the three vowels (*fat<u>h</u>ah*, *kasrah* or *<u>d</u>ammah*) both in the *mâ<u>d</u>i* as well as in the *mu<u>d</u>âri'*.

According to the vowel of the second radical, verbs are classified in six groups. We learn four of these in this lesson.

(a) a-u group: in this group, the second radical has 'a' in the *mâ<u>d</u>i* and 'u' in the *mu<u>d</u>âri'*, e.g.:

كَتَبَ 'he wrote' يَكْتُبُ 'he writes' (ka**ta**ba / ya-k**tu**bu).

قَتَلَ 'he killed' يَقْتُلُ ' he kills' (qa**ta**la / ya-q**tu**lu).

سَجَدَ 'he performed sajdah' يَسْجُدُ 'he performs sajdah' (sa**ja**da / ya-s**ju**du).

(b) a-i group: in this group, the second radical has 'a' in the *mâḏi* and 'i' in the *muḏâri'*, e.g.:

جَلَسَ 'he sat' يَجْلِسُ 'he sits' (ja**la**sa / ya-j**li**su).

ضَرَبَ 'he beat' يَضْرِبُ 'he beats' (ḏa**ra**ba / ya-ḏ**ri**bu).

غَسَلَ 'he washed' يَغْسِلُ 'he washes' (gha**sa**la / ya-gh**si**lu).

(c) a-a group: in this group the second radical has 'a' in the *mâḏi* as well as the *muḏâri'*, e.g.:

ذَهَبَ 'he went' يَذْهَبُ 'he goes' (dha**ha**ba / ya-dh**ha**bu).

فَتَحَ 'he opened' يَفْتَحُ 'he opens' (fa**ta**ha / ya-f**ta**hu).

قَرَأَ 'he read' يَقْرَأُ 'he reads' (qa**ra**'a / ya-q**ra**'u).

(d) i-a group: in this group, the second radical has 'i' in the *mâḏi* and 'a' in the *muḏâri'*, e.g.:

فَهِمَ 'he understood' يَفْهَمُ 'he understands' (fa**hi**ma / ya-f**ha**mu).

شَرِبَ 'he drank' يَشْرَبُ 'he drinks' (sha**ri**ba / ya-sh**ra**bu).

حَفِظَ 'he memorized' يَحْفَظُ 'he memorizes' (ha**fi**ẕa / ya-h**fa**ẕu).

As there is no rule to determine the group of a verb, the student should learn the group of each new verb he learns. All good dictionaries mention this. While expressing a verb usually both the *mâḏi* and the *muḏâri'* are mentioned together. If you are asked the Arabic for 'to write' you say:

كَتَبَ يَكْتُبُ.

2) Numbers from 21 to 30: The two parts of the numbers are joined by وَ, e.g.:

وَاحِدٌ وَ عِشْرُونَ طالبًا.

Note that:

(a) The first part of these numbers has *tanwîn*, e.g.:

واحدٌ وعِشْرُونَ، ثلاثةٌ وعِشْرُونَ، أربعةٌ وعِشْرُونَ، ... تسْعَةٌ وعِشْرُونَ

The word اثْنَانِ of course, has no *tanwîn*.

(b) واحدٌ and اثْنَانِ are masculine with the masculine *mâ'dûd*. But the numbers from 3 to 9 are feminine, e.g.:

واحدٌ وعِشْرُونَ رجلاً، اثْنَان وعِشْرُونَ رَجُلاً، ثلاثةٌ وَعِشْرُون رَجُلاً، أرْبَعةٌ وعِشْرونَ رجلاً، خَمْسَةٌ وَعِشْرون رجلاً، ستَّةٌ وعَشْرُون رجلاً، ... تَسْعَةٌ وَعِشْرُون رَجُلاً

(c) The *mâ'dûd* is singular and *mansûb.*

3) التاسعَةُ إلاَّ رُبْعًا 'quarter to nine': إلاّ literally means 'except'. Note that the noun after إلا is *mansûb*: Note also the following:

السَّاعَةُ الوَاحِدَةُ إلاَّ عَشْرَ دَقائقَ 'ten minutes to one.'

السَّاعَةُ الثَّانيةُ إلاَّ خَمْسَ دَقائقَ 'five minutes to two.'

السَّاعَةُ الخَامسَةُ إلاَّ دَقيقَةً واحدةً 'one minute to five.'

4) We have learnt لَعَلَّ in Lesson 1. It has two meanings. These are:

(a) 'I hope' and (b) 'I am afraid'.

The first is called التَّرَجِّي and the second الإِشْفَاقُ. In لَعَلَّهُ يَرْجِعُ اليومَ مُتَأَخِّرًا. it is الإِشْفَاقُ as it means 'I am afraid he will come back today late.'

5) بَيْنَ 'between': The noun following it is *majrûr* because it is *mudâf ilaihi*, e.g.:

جَلَسَ حَامِدٌ بَيْنَ بِلالٍ وفَيْصَلِ. 'Hâmid sat between Bilâl and Faisal.'

بَيْنَ should be repeated with pronouns, e.g.: هَـذا بَيْـنِي وَبَيْنَكَ 'This is between you and me.'

VOCABULARY

دَائِمًا	always	مَكْتَبٌ	office
أَحْيَانًا	sometimes	عَامِلٌ	labourer
مَرَّةً أُخْرَى	once again	طُولٌ	length
عَرْضٌ	width	سَجَدَ يَسْجُدُ	(a-u) to perform sajdah
مَسَافَةٌ	distance		
كِيلُومِتْرٌ	kilometre	فَعَلَ يَفْعَلُ	(a-a) to do
سَنْتِيمِتْرٌ	centimetre	رَكِبَ يَرْكَبُ	(i-a) to ride
مِتْرٌ	metre	بَيْنَ	between
عَمِلَ يَعْمَلُ	(i-a) to work	بَيْنَهُما	between them (i.e. the two)
رَكَعَ يَرْكَعُ	(a-a) to bow in prayer		